J. A. Tomaschek

Über eine in Österreich in der erste Hälfte des 14. Jahrhunderts

geschriebene Summa legum incerti auctoris und ihr Quellenverhältniss zu dem Stadtrechte von Wiener-Neustadt und dem Werböczischen Tripartitum

J. A. Tomaschek

Über eine in Österreich in der erste Hälfte des 14. Jahrhunderts
geschriebene Summa legum incerti auctoris und ihr Quellenverhältniss zu dem Stadtrechte von Wiener-Neustadt und dem Werböczischen Tripartitum

ISBN/EAN: 9783743490253

Hergestellt in Europa, USA, Kanada, Australien, Japan

Cover: Foto ©ninafisch / pixelio.de

Manufactured and distributed by brebook publishing software (www.brebook.com)

J. A. Tomaschek

Über eine in Österreich in der erste Hälfte des 14. Jahrhunderts

UEBER EINE

IN OESTERREICH IN DER ERSTEN HÄLFTE DES
XIV. JAHRHUNDERTS GESCHRIEBENE

SUMMA LEGUM INCERTI AUCTORIS

UND

IHR QUELLENVERHÄLTNISS

ZU DEM

STADTRECHTE VON WIENER-NEUSTADT UND DEM
WERBÖCZISCHEN TRIPARTITUM.

VON

J. A. TOMASCHEK.

WIEN, 1883.
IN COMMISSION BEI CARL GEROLD'S SOHN
BUCHHÄNDLER DER KAIS. AKADEMIE DER WISSENSCHAFTEN

Aus vier Handschriften, drei lateinischen und einer deutschen, ist mir eine Summa legum bekannt geworden, die in der Literatur meines Wissens noch gar keine Beachtung gefunden hat, so gross mir auch die Bedeutung zu sein scheint, die ihr namentlich für die Receptionsgeschichte des römischen und kanonischen Rechtes in Deutschland und insbesondere in Oesterreich zukommt. Im engen Anschlusse an die Arbeiten der Glossatoren der Schule von Bologna, sowohl der Legisten als Decretisten, behandelt dieses Rechtsbuch in einem verhältnissmässig geringen Umfange, in einer selbstständigen, sich mehr oder weniger von der Legalordnung der Quellen emancipirenden systematischen Reihenfolge, alle Theile und Gebiete des Rechtes, die zu seiner Zeit Gegenstände wissenschaftlicher Behandlung geworden waren, ähnlich einem Lehrbuch oder Compendium der neuen Zeit, auf Grundlage der fremden Rechte in einer gedrängten, aber klaren Weise. Es gewinnt aber gegenüber den ähnlichen Arbeiten der italienischen Juristen dadurch eine höhere Bedeutung, dass es auch deutschrechtliche Sätze und Anschauungen in verständiger Weise mit dem römisch-kanonischen Rechtsstoffe zu verarbeiten bemüht ist und den praktischen Lebensverhältnissen seiner Entstehungszeit vielfältig Rechnung trägt, ohne dadurch seinem wissenschaftlichen und einheitlichen Charakter irgend einen Eintrag zu thun. Die Arbeit hat offenbar einen praktischen Zweck; sie ist bestimmt, die Grundsätze des fremden Rechtes in die wirkliche Rechtspflege, insbesondere die städtische, einzuführen. Obwohl in dieser Schrift weder der Autor, noch die Heimat ihrer Abfassung noch ihre Entstehungszeit genannt ist, und sie äusserlich ganz den Charakter der Schriften der italienischen Juristen, Summisten und Glossatoren an sich trägt, so ist es mir doch gelungen nachzuweisen, dass sie in Deutschland und zwar in Oesterreich in Wiener-Neustadt in der ersten Hälfte des XIV. Jahrhunderts entstanden ist und wahrscheinlich einen Wiener-Neustädter Stadtschreiber, der in Bologna studirt hatte, zum Verfasser hat. Sie erlangte jedoch von da aus eine grosse Verbreitung nicht bloss in Oesterreich, sondern auch in den nördlich-östlichen Ländern ausserhalb Oesterreichs und insbesondere in Ungarn. Anfangs nur in drei Bücher getheilt, erhielt sie wahrscheinlich durch einen Kleriker des Erzbisthums Gnesen später eine Erweiterung durch ein viertes Buch kirchenrechtlichen Inhalts. Die ursprüngliche Sprache der Abfassung ist die lateinische. Eine deutsche Handschrift überliefert uns jedoch eine für Ungarn wahrscheinlich im XV. Jahrhundert zu Stande gekommene Uebersetzung ins Deutsche. Der Rechtskreis, für den sie zunächst bestimmt war, ist das städtische Rechtsleben, doch bringt die Natur des behandelten Rechtsstoffes und die Art der in dem Rechtsbuche gewählten Anlage vielfache Rücksicht auf die Lebensverhältnisse anderer Rechtskreise mit sich, da sie wesentlich auf der Grundlage des fremden Rechtes ruht und diesem die Beschränkung auf einzelne Rechtskreise, wie sie das individualisirende Rechtsleben des Mittelalters erzeugte und die deutschen Rechtsbücher aufweisen, fremd ist. Ihr Einfluss auf das Eindringen und die Verbreitung des römischen und kanonischen Rechtes in Oesterreich und über die östlichen Länder des deutschen Reiches hinaus noch vor der Aufnahme des fremden als gemeinen Rechtes ist unbestreitbar, und so gross auch immer der Werth sein mag, den sie, obwohl der Zeit der Postglossatoren angehörig, für die Literaturgeschichte der fremden Rechte zu einer Zeit hat, bevor noch durch die später gegründeten Universitäten ihr tieferes Studium auch in Deutschland begann, so steht dieser, wie es mir scheint, gegen ihre praktische Bedeutung und ihren Einfluss auf das wirkliche Leben weit zurück.

Von besonderer Wichtigkeit ist das Quellenverhältniss der Summa zu dem Wiener-Neustädter Stadtrecht und dem Werböczischen Tripartitum. Die vielbesprochene Frage über das Alter und den Charakter jenes Stadtrechtes, das zu den interessanteren des Mittelalters zählt, erhält erst durch sie eine sichere Grundlage zur endgiltigen Lösung. Das im Anfange des XVI. Jahrhunderts in Ungarn entstandene Rechtsbuch des Stephan von Werböcz, das unter dem Namen ‚Opus tripartitum juris consuetudinarii regni Hungariae‘ seit jeher daselbst in grossem Ansehen stand und, abgesehen von einigen codificirten Rechtsgebieten, noch bis auf den heutigen Tag eine Hauptgrundlage des in Ungarn geltenden Rechtes bildet, schöpft neben dem ungarischen Privilegien- und Gewohnheitsrechte zu einem grossen Theile seinen eigentlich-juristischen Stoff aus dieser Rechtsquelle, der es auch die Eintheilung in drei Bücher entlehnt zu haben scheint.

Der Zweck dieser Abhandlung beschränkt sich darauf, die Aufmerksamkeit der Romanisten und Rechtshistoriker überhaupt auf diese Schrift zu lenken und sie ihrer Beachtung anzuempfehlen. Eine eigentliche Ausgabe, so eingehend ich mich auch längere Zeit mit ihr beschäftigt habe, liegt meinem besonderen Berufe und meiner Absicht fern. Und doch hat mich ein gründliches Studium derselben überzeugt, dass sie eine solche nicht minder verdienen würde, als die in neuester Zeit von Conrat (Cohn) in Amsterdam unter dem Titel: ‚Das Florentiner Rechtsbuch, ein System des römischen Privatrechtes aus der Glossatorenzeit‘ herausgegebene Schrift ähnlicher Art. Sollte Jemand den Beruf und die Lust in sich fühlen, sich dieser Aufgabe zu unterziehen, so würde ich ihm mein auf der Vergleichung der Handschriften beruhendes Materiale und meine darüber gemachten Studien mit Vergnügen zur Verfügung stellen. Solche Arbeiten haben allerdings mehr einen literarhistorischen Werth. Bei der Höhe, auf der heutzutage unsere Kenntniss der fremden Rechte steht, ist die Bedeutung, die sie für eine tiefere Erfassung derselben haben, doch nur eine untergeordnete. Doch haben, abgesehen von dem grundlegenden Werke Savigny's, auch in neuerer Zeit die Arbeiten Fitting's, Stintzing's, Muther's, Stobbe's, Schulte's, Maassen's, Siegel's, Gross' und Anderer den Werth genügend dargethan, der ihnen für die Rechtswissenschaft überhaupt innewohnt.

Die Handschriften und ihr Verhältniss zu einander.

I. Lateinische Handschrift der kaiserlichen Hofbibliothek in Wien.

In derselben Papierhandschrift der Wiener Hofbibliothek Nr. 4477, saec. XV, die Schuster bei der Herausgabe des Wiener Stadt- oder Weichbildrechtes benützt hat (nähere Beschreibung daselbst S. 1, Hofmann CLXXVIII, Denis: Man. Theol. Bibl. Palat. Vindob. II., nr. DCCLVII), findet sich auch nach einer Summa poenitentiarum und nach dem Stadtrechtsbuch, Bl. 107—164 incl., ein lateinisches Rechtsbuch, mit den Worten beginnend: Propter paternalem amorem etc. Die Schriftzüge weisen auf das Ende des XIV. oder den Anfang des XV. Jahrhunderts hin. Da aber unmittelbar darauf eine Prophezeiung für das Jahr 1401 folgt, die durch die Ereignisse dieses Jahres als bedeutungslos widerlegt wurde, so glaube ich, dass die Niederschrift ungefähr um das Jahr 1400 erfolgte. Ihre äussere Verbindung mit dem Wiener Stadtrechtsbuch lässt darauf schliessen, dass man die Schrift in Wien kannte, und sie daselbst verbreitet war. Denis sagt in seiner Beschreibung der Handschrift, alle seine Mühe, den Autor dieser Summa zu eruiren, sei fruchtlos gewesen. Doch habe er bei Panzirol. de claris Leg. Interpr. II, c. 18 gefunden, dass Rogerius im XII. Jahrhundert der Erste eine Summa juris geschrieben, und dass sie den Umfang von zwanzig Bogen nicht überschritten habe, was ungefähr dem Umfang dieser Summa entspreche (sic). Er schliesst sodann aus der Stelle über die Scholaren zu Bologna, dass sie ursprünglich in Italien geschrieben, von da aber ab homine nostrate hieher (nach Wien) gebracht worden sei, wofür einzelne im Texte vorkommende deutsche Worte sprechen.

Der Text ist durchgängig halbbrüchig in zwei Columnen geschrieben, die Ueberschriften (rubricae) mit rother Tinte, aber nicht nummerirt. Ein Register fehlt.

Dass diese Aufzeichnung eine blosse Abschrift war und wahrscheinlich ebenfalls eine Abschrift, nicht die Originalschrift des Verfassers zur Vorlage hatte, beweisen einerseits ihre Unvollständigkeit, die sich aus der Vergleichung mit der Olmützer und den übrigen Handschriften ergibt, ausserdem viele Schreibfehler und offenbare Missverständnisse des Textes, die auf der mangelhaften juristischen Bildung und der unvollkommenen Kenntniss der lateinischen Sprache des Abschreibers beruhen. Im Ganzen steht diese Handschrift, obwohl aus einer früheren Zeit stammend, an Vollständigkeit und Genauigkeit der Olmützer und, wie es scheint, auch der lateinischen Pressburger nach, so dass sich der vollständige Text des Originales nur durch Ergänzung aus den anderen Handschriften gewinnen lässt. Dessenungeachtet ist sie auch zu diesem Zwecke nicht werthlos. Die Vergleichung der Stellen, wo die Institutionen, die Summa des Johannes Andreae und andere Quellen benützt sind, zeigt, dass sich dieser Text näher an die unmittelbaren Vorlagen, die der Autor vor sich hatte, anschliesst, während die anderen Texte uns bereits abweichende Varianten und Ausdrücke überliefern. Gerade in einigen wichtigeren Punkten ist die Lesart dieser Handschrift der der übrigen entschieden vorzuziehen. Ebenso zeigt auch die Eintheilung in nichtnummerirte Abschnitte mit Ueberschriften (rubricae) gegenüber der Capiteleintheilung der anderen Handschriften, wie sich erstere auch in der in reichem Masse vom Verfasser benützten Summa Hostiensis findet, dass dieser Text dem ursprünglichen Originale noch näher steht als der der anderen Handschriften, in denen sich bereits hie und da der verändernde Einfluss späterer Benützer und Abschreiber in der Wahl anderer Worte und Ausdrücke bemerkbar macht. Eine vollständige Ausgabe müsste daher auf den Text dieser Handschrift, so häufig er auch aus den anderen Handschriften ergänzt werden muss, zur Rectificirung der ursprünglichen Gestaltung der Originalabfassung nicht selten Rücksicht nehmen.

II. Lateinische Handschrift der Olmützer Universitätsbibliothek.

Die nähere Beschreibung dieses Codex mit der Signatur II. 20, saec. XV, der verschiedene Stücke neben dieser Summa in sich vereinigt, findet sich im Archive für ältere Geschichtskunde von Pertz, Bd. VI, S. 671 bei Wattenbach: Reise in Oesterreich. (In dem von W. dazu angelegten Register ist bei dem Schlagwort ‚Summa legum' fälschlich die Seitenzahl 771 statt 671 angegeben. W. selbst fügt dieser Summa hinzu: ‚mit besonderer Beziehung auf eine Stadt' [Brünn mit einem Fragezeichen].)

Die Handschrift selbst ist flüchtig und nicht sehr sorgfältig fortlaufend auf der ganzen Breite des Blattes geschrieben. Sie hat die Ueberschrift: Summa legum brevis, levis et utilis, plano stilo exarata, labore non parvo, und beginnt mit den Worten: Iste liber legum infrascriptus continet in se *quatuor libros seu partes, quarum prima tractat de jure personarum, secunda de jure rerum, tertia de jure actionum, quarta vero pars de vita et honestate clericorum.* Quorum omnium praemissorum plenam notitiam habere quis poterit per registrum seu tabulam immediate sequentem. Sequitur capitulum primum primi libri seu partis. Folgt eine Aufzählung der Capitel, in welche das erste Buch getheilt ist, sowie ein solches Register jedem folgenden Buche vorangeht. Die Capiteleintheilung stimmt vollständig mit der der deutschen Pressburger Handschrift überein und war auch unzweifelhaft die der lateinischen Pressburger Handschrift, weicht jedoch nicht selten von den Rubriken der Wiener ab. Ein **viertes** Buch findet sich in keiner der anderen Handschriften. *Sequitur quartus liber.* Sequitur registrum seu tabula IIII^{ti} libri. *De vita et honestate clericorum.* Capitulum primum tractat de ecclesiasticis personis. Secundum de immunitate ecclesiae. Tertium ad idem et de ecclesiasticis personis. Quartum de foro competenti. Quintum de cohabitatione clericorum et mulierum. Sextum de testamentis. Septimum de reedificandis ecclesiis. Octavum de conservatione ecclesiae et altarium. Nonum de symonia. Decimum *de usuris et usurariis.* Undecimum de verborum significatione. Duodecimum de judeis et eorum famulis. Ultimum *de reprobatione articulorum de speculo Saxonum.*

Der Inhalt des dieser Handschrift allein eigenthümlichen vierten Buches bezieht sich demnach durchgängig und ausschliesslich auf geistliche und kirchliche Gegenstände und verräth augenscheinlich den klericalen Ursprung. Dem ursprünglichen Werke war dieses Buch jedenfalls fremd und scheint ihm erst später als eine von einem Kleriker verfasste Erweiterung angefügt worden zu sein. Plan und Anlage jenes schliessen den Inhalt dieses vierten Buches, somit es selbst unzweifelhaft aus. Der Verfasser der Summa beabsichtigte vorzugsweise blos ein Lehrbuch des römischen Rechtes, eine Summa legum (nicht canonum), wie er selbst sagt, zu schreiben, welches dem praktischen Gebrauche seiner Zeit in einem weltlichen, und zwar städtischen Gerichte dienen sollte. Zwar nimmt er hie und da auch auf die canones in ihrem Gegensatze zu den leges Rücksicht, jedoch nur dort, wo kanonische und nicht römische Rechtssätze in die praktische Rechtspflege seiner Zeit eingedrungen waren, und um auf den Gegensatz zwischen beiden hinzuweisen. Er selbst ist nicht Kleriker und war höchst wahrscheinlich selbst in einem weltlichen Gerichte thätig. Wenn er im ersten Buche, das de personis handelt, ausführlich die Lehre von den Sponsalien und der Ehe behandelt mit den einleitenden Worten: superius mentio facta est de nuptiis, ideo nunc de sponsalibus et de matrimoniis est dicendum, so war es wohl die Ordnung der Titel des ersten Buches der Institutionen, der er sich im Ganzen und Grossen in diesem ersten Buche anschliesst, und insbesondere der Titel de nuptiis J. 1, 10, der ihn dazu geführt hat, hier am schicklichen Orte auch das Eherecht zu behandeln, da er es als Grundlage und Theil des Familienrechtes nothwendig in die Darstellung aufnehmen musste. Wenn er gleich im kanonischen Rechte und den kanonischen Rechtsquellen sich nicht minder bewandert zeigt als im römischen Rechte, und sich als Quellen seiner Darstellungsweise vorzugsweise Schriften der Decretisten, weniger solche von Legisten nachweisen lassen, so erklärt sich dies daraus, dass das kanonische Recht es war, das an den Rechtsschulen und wohl auch zu Bologna zur Zeit, als er daselbst studirte, in einem viel grösseren Umfange gelehrt wurde als das römische Recht, und er dieses wohl vorzüglich durch Vermittlung kanonischer Schriften und Vorträge kennen gelernt hatte. Wo er durch sein gewähltes System auf Gegenstände geführt wird, die der eigentlichen städtischen Rechtspflege fremd sind, versäumt er es nie, sich ausdrücklich zu entschuldigen. Z. B. I, 16: Licet de publicis notariis et de eorum instrumentis in juris judiciis *civilibus* (,in unsern bürgerlichen gerichten', deutsche Uebers.) non sit consuetudo neque cura, tamen propter alia judicia pauca de ipsis intendo annotare, und insbesondere III, 34: Sed quod parum aut nichil interest inter rapinam et usuram, quoad restitutionis legem, ideo consequenter de *usura* pauca sunt dicenda, *quamvis de foro nostro non existat*, und doch handelt das vierte Buch c. X wieder de usuris et usurariis. Allen anderen Handschriften ist die Eintheilung in vier Bücher fremd. Dieses vierte Buch ist daher unstreitig eine später dem ursprünglichen Werke von einem Kleriker hinzugefügte Erweiterung.

Was aber die in diesem vierten Buche behandelten Gegenstände anbelangt, so finden sich die meisten derselben wörtlich übereinstimmend in einem Kuttenberger Codex Liber sententiarum postea dictus Ottocari, fol. 242ᵃ ff. (beschrieben bei Rössler, Deutsche Rechtsdenkmäler, II, S. XLVIII nr. 9), mit der Einleitung: Nota quod Clemens papa Sextus pro clericis has constitutiones anno millesimo CCCLX° publicavit et primo de vita et honestate clericorum etc., und ins Böhmische übersetzt in dem von Briccius von Liczko auf Grundlage des Kuttenberger Liber sententiarum verfassten Prager Stadtrecht (herausgegeben von Jireček. Cod. jur. bohem., tom. IV, p. III, S. 378 ff.) c. LXXII, a, 4: Ustanovení a řád žákovstva svěceného Klimentem papežem šestým vydaná léta tisícího třístého padesátého *pátého*, kterážto k městskému řádu jsou potřebná. Clemens VI. wurde jedoch am 7. Mai 1342 zum Papst gewählt und starb am 6. December 1352. Er war also im Jahre 1355 bereits gestorben. In der That sind diese Constitutionen aus den Beschlüssen der Provincialsynode zu Prag vom Jahre 1349 hervorgegangen, und zwar eine von ihr bestätigte Kanonensammlung, die der erste Erzbischof von Prag, Arnest von Pardubitz für seine Provinz aus Mainzer Provinzialstatuten und Prager Synodalverordnungen zu einem Buche vereinigt hatte, das fortan in seiner ganzen Provinz Geltung haben sollte. (Siehe die Statuta provincialia archiepiscopi primi per G. B. Pontanum Braitenberg. Prag 1606. Vgl. insbesondere Nr. 21 über das Leben der Kleriker, 22 den Umgang mit Concubinen, 30 über Testamente, 36 über Simonie, 43 Kirchenbann, 44 Asyl und Anlage von Befestigungen, 48 über fornicatio, 50 über die Juden etc., und Hefele, Conciliengeschichte, VI. B., S. 594 ff. Siehe auch Singer, Hist. Studien über die Erbfolge, S. 39, nr. 21. (In der Turiner Ausgabe des Bullarium diplomatum et privilegiorum sanctorum Romanorum pontificum sind diese Constitutionen nicht aufgenommen, obwohl sich daselbst S. 486, IV die confirmatio actorum concilii Posoniensis findet). Prag hatte bisher zur Kirchenprovinz Mainz gehört, war aber auf den Wunsch Karls IV. und seines Vaters Johann von Böhmen am 30. April 1344 von Clemens VI. zur Metropole erhoben und ihr die Bisthümer Olmütz und Leitomischl untergeordnet worden.

Unsere Summa, die, wie man daraus schliessen kann, auch in Böhmen und Mähren Verbreitung erlangt hatte, mochte nun ungefähr um diese Zeit in die Hände eines vielleicht der Olmützer Diöcese angehörigen Klerikers gefallen sein, der diese Constitutionen am Schlusse der Summa einfach hinzuschrieb, ohne dass noch ihre Redaction zu einem vierten Buche von ihm ausgegangen wäre, wie sich aus Nachfolgendem ergibt.

Das letzte diesen Constitutionen nicht angehörige Capitel des vierten Buches handelt nämlich de reprobatione articulorum de speculo Saxonum.

Diesem Capitel geht folgende Einleitung voran:
Reprobatio per Gregorium nonum (sic). Amen.

Gregorius episcopus, servus servorum Dei venerabilibus fratribus archiepiscopo *Gnesnensi* ejusque suffraganeis salutem et apostolicam benedictionem ad reverentiam Dei. Ad exstirpationem errorum etc. (sonst übereinstimmend mit dem Begleitschreiben der Bulle an andere Erzbischöfe) . . . quorum tenor talis est. Sequitur capitulum etc. Hierauf folgt die bekannte Bulle des Papstes Gregor XI., die mit den Worten beginnt: Salvator humani generis über die Reprobation einiger Artikel des Sachsenspiegels.

Auffallend ist vor Allem die Mittheilung dieser Bulle an den Erzbischof von Gnesen. Dass Gregor XI. die Bulle den Erzbischöfen von Mainz, Cöln, Bremen Magdeburg, Prag und Riga zugesandt habe, ist bekannt (Homeyer: Klenkok, S. 401—405). Gregor XI. erwähnt auch hier in dem dieser Bulle nachfolgen den Aufforderungsschreiben an Karl IV. für ihre Befolgung Sorge zu tragen, blos diese sechs Erzbischöfe, denen er diese Bulle mitgetheilt habe. Der von Riga wird unter ihnen ausdrücklich genannt. Datirt ist jenes Schreiben Avenione Idus Octobris (nicht Aprilis) pontificatus in anno quarto (nicht tertio, wie Goldast hat). Die Bulle selbst ist hingegen nicht datirt. Als Aussteller finden wir irrthümlich wie in der

Gärtner'schen Ausgabe des Sachsenspiegels Gregor IX. anstatt des XI. genannt.

Der Text der reprobirten Artikel stimmt in seinen Einzelheiten mit der Lesart des Commune privilegium (einer zu Krakau 1506 gedruckten Sammlung polnischer Gesetze) und der von Goldast in seiner Collectio consuetudinum 1617 in den Prolegomenis überein. (Siehe Homeyer, Johannes Klenkok, Abhandlungen der königl. Akad. der Wiss. zu Berlin 1855 und 1856.)

Die Verarbeitung oder vielmehr Vereinigung der Prager Synodalsatzungen mit der Bulle Gregors XI. zu einem Buche mit einer Capiteleintheilung und die Hinzufügung desselben als vierten Buches zu der ursprünglich nur in drei Bücher getheilten Summa legum konnte daher mit Rücksicht auf diese Bulle erst nach dem Jahre 1374 erfolgt sein. Da die Bulle aus einer Mittheilung an den Erzbischof von Gnesen aufgenommen wird, so liegt der Schluss nahe, dass es ein Kleriker des Gnesener Erzbisthums war, der diese Vereinigung vornahm, und dass er in einer polnischen, zu diesem Erzbisthum gehörigen, nach sächsischem Rechte lebenden Stadt als Stadtschreiber oder als Notar oder in einer ähnlichen Function bei einem geistlichen Gerichte thätig gewesen sei.

Damit schliesst die in dieser Handschrift in vier Bücher getheilte Summa. So wie aber der Prager Diöcesan gleich nach ihr die Prager Synodalbeschlüsse eingetragen hatte, so trug auch der Schreiber dieser Handschrift unmittelbar nach ihr und im engen Zusammenhange mit ihr einige ihm wichtig erscheinende Actenstücke ein, deren Provenienz ich zum Theil nicht näher zu bestimmen im Stande bin, und zwar 1. eine Bulle des Papstes Urban V. (regierte vom 24. October 1362 bis 19. December 1370), Datum Romae apud sanctum Petrum Nonas Aprilis pontificatus nostri anno septimo, beginnend mit den Worten: Ne in vinea domini nostri (nicht aufgenommen in die Turiner Ausgabe des Bullarium), 2. Eine andere von Papst Martin V. (fungirte als Papst vom 11. November 1417 bis 20. Februar 1431). Darauf folgen die Worte: Finitum anno 1428. Die Olmützer Handschrift rührt daher von dieser Zeit her. 3. Ein Schreiben eines Papstes oder sonstigen Kirchenobern an einen Fürsten mit der Aufforderung seiner Kriegslust Einhalt zu thun, das die Bedingungen eines gerechten Krieges ganz im Einklange mit unserer Summa entwickelt: Egregie princeps et domine gratiose. Nova de magna strage et effusione christiani sanguinis u. s. w. 4. Sequitur prologus. Fecit Deus duo luminaria magna etc. Explicit prologus in apparatum. Scheint die Einleitung zu sein zu einem grösseren Werke über das Verhältniss der beiden Gewalten, der weltlichen und der kirchlichen. Endlich auf drei Blättern *Decadicon* id est decem errorum contentorum in speculo Saxonum per sacrae theologiae magistros reprobatio, beginnend mit den Worten: Frater *Johannes Klenkot*, sacrae theologiae professor, minoris ordinis Heremitarum sancti Augustini cum sedulis ac devotis ordinibus in Christo unitatem fidei etc. Es ist dies jene Schrift des Johannes Klenkok, die Homeyer in dem Nachtrage vom 5. Juni 1856 zu seiner Abhandlung in den Schriften der königl. Akad. der Wiss. zu Berlin, S. 432ª — 432ᵈ nach einer ihm von Professor Stentzler in Breslau aus der dortigen Centralbibliothek mitgetheilten Handschrift (IV. Fol. 57, S. XV. Bl. 81' — 84') abgedruckt hat. Am Schlusse Explicit liber de decem erroribus nominatus Decadicon.

Die Vergleichung dieser Handschrift (II) mit der Wiener (I) bezüglich der drei ersten Bücher der Summa zeigt, dass sie viel vollständiger ist als diese. Einmal enthält sie ganze längere Capitel, die in I fehlen, und zwar I. 4 De origine juris, I, 17 Quando derogatur instrumento, I, 21 De conditionibus hominum in generali, I, 25 Quot modis civitas interdicitur, I, 30 De bonis matrimonii, I, 64 Quid principes faciant, I, 65 De tyrannis, II, 72 De divisione rerum. Dann finden sich längere oder kürzere Zusätze im Texte der einzelnen Capitel, die in der Handschrift I ausgelassen wurden. Die wichtigsten sind I, 26 die Erklärung von stipulatio, I, 44 Handelsunfähigkeit der Weiber mit Ausnahme der Kauffrauen, I, 63 Pflicht der Consuln zur jährlichen Rechnungslegung über die Einkünfte der Stadt, II, 16 Erklärung des Begriffes von vindicare und agere ad exhibendum, II, 34 Aufzählung mehrerer in I nicht vorkommender Unterbrechungsarten der Verjährung Es gibt zweierlei Lehen, Ritter- und Bauernlehen, II, 38 Erklärung der dos aestimata der libera dos, II, 49 des Begriffes eines Legatars, II, 54 eines posthumus, II, 64 Nach dem alten Rechte hatten die Weiber kein Erbrecht, II, 66 Ein gefangener Sohn als Sclave hat nicht gleichen Erbtheil mit seinen Geschwistern, ausser er kehrt aus der Gefangenschaft zurück. — Wenn der Vater sein Vermögen mit den Kindern erster Ehe getheilt hat, so haben diese nicht gleiche Erbrechte mit den Kindern einer zweiten Ehe, ebenso wenig findet zwischen den Kindern der ersten Ehe und denen der zweiten Ehe ein wechselseitiges Erbrecht statt, II, 67 Der Ehegatte erbt mit den Kindern zu gleichen Theilen. — Die eheliche Errungenschaft fällt als ungetheiltes Gut an die überlebende Ehegattin, II, 69 Die Rechte der Adoptivkinder werden übergangen, *quia non sunt de consuetudine terrae nostrae*, III, 7 Allgemeine Regel über die Priorität der Gläubiger im Concurs. Brauch zu Venedig — Bei der Bürgschaft mehrerer Bürgen in solidum hat der zahlende Bürge einen Regressanspruch an Jeden auf das Ganze nach dem neuen Rechte, III, 20 Ein liegendes Gut kann nur mit der Hand des Grundherrn vertauscht werden, III, 28 Wer eine gefundene Sache nicht restituirt, kann als Dieb beklagt werden, III, 29 Erklärung der äussersten Noth, die den Diebstahl entschuldigt. — Der Wille wird für That genommen, wenn Jemand an ein fremdes Haus Kienholz, Besen oder ein blutiges Schwert hängt. — Es gibt eine zwiefache Infamia legis und canonis, III, 35 Beschworene Zinsen sollen bezahlt werden, III, 37 Aerzte können den Erfolg der Krankheit voraussagen. — Strafe der sortilegi, III, 38 Verschiedene Handlungen, durch welche ein aborsus vollbracht wird, III, 42 Ein fremdes Thier darf man nicht über Nacht im Hause halten, III, 46 Der Unterschied zwischen Reichs-, Land- und Stadtrecht, III, 48 Aufzählung mannigfaltiger Leibesstrafen — Gesetz der Talion, III, 49 Auch die Kirche hat einen Strafanspruch wegen eines Verbrechens in loco sacrato neben dem Richter und dem Verletzten. — Neben diesen grösseren Zusätzen finden sich auch kleinere und minder wichtige.

Sind diese Zusätze, die in der Handschrift I fehlen, der ursprünglichen Fassung des Werkes fremd und erst durch eine spätere Bearbeitung hinzugekommen, oder gehören sie schon ursprünglich dem Verfasser an? Für die letztere Annahme sprechen wichtige Gründe. In einzelnen Fällen lässt es sich augenscheinlich nachweisen, dass ihre Nichtaufnahme in die Handschrift I nur der Nachlässigkeit und Unbedachtsamkeit des Schreibers zuzuschreiben sei. In der rubrica de matrimonio wird im Eingange als eilfte zu beantwortende Frage ausdrücklich die aufgestellt: quot et quae sint bona matrimonii? und doch fehlt ihre Beantwortung, die I, 30 die Olmützer Handschrift bringt. In der Rubrik de dote vermisst man, während die zwei ersten Arten der dos profectitia und adventitia ausführlich erklärt werden, die Erklärung der dritten Art der dos aestimata (vgl. Olmützer Handschr. II, 38). Im dritten Buche erscheint am Schlusse der rubrica de crimine falsi et falsariis ausdrücklich die Hinweisung auf angeblich bereits früher Besprochenes. Qualiter instrumenta de falsitate dicantur suspecta, *dictum est supra* de derogatione instrumentorum. Das c. I, 17 der Olmützer Handschrift quando derogatur instrumento fehlt aber ganz in der Handschrift I. Einzelne Capitel und Zusätze mochte der Schreiber der Wiener Handschrift vielleicht absichtlich ausgelassen haben, sei es, dass sie ihm minder wichtig oder sogar bedenklich erschienen. z. B. das Capitel über die Tyrannen, die Pflichten der Fürsten, die Eintheilung der Menschen, den Ursprung des Rechtes u. s. w. In den meisten Fällen trug jedoch die Nachlässigkeit des Schreibers der Handschrift an der Auslassung Schuld. Wie weit diese ging, sehen wir z. B. daraus, dass er nach dem c. III, 27 auf einmal drei früher ausgelassene Capitel de pactis mit der Einleitung nachholt: Hic habetur de pactis (Reverte VIII folia), dass er die letzten Capitel des dritten Buches de poenis (III, 48 und 49) bereits vor die Capitel de proscriptione und de expurgatione stellt, wohlweislich aber deshalb die Einleitung in jene unterdrückt. Man kann daher mit gutem Grunde annehmen, dass die Zusätze und die in der Handschrift I fehlenden Capitel schon im ursprünglichen Werke vorhanden waren, wozu noch bestärkend hinzutritt, dass sie sämmtlich auch in den zwei Pressburger Handschriften aufgenommen sind.

Ausser grösseren Zusätzen und Veränderungen finden wir in der Handschrift II sehr häufig stylistische und formelle Abweichungen von I und andere Ausdrücke und Redewendungen, die zwar den Sinn nicht verändern, ihn jedoch in anderer Form wiedergeben. In dieser formellen Beziehung bin ich jedoch geneigt, den Text der Handschrift I der ursprünglichen Fassung für näherstehend zu halten als den der Handschrift II.

Indessen fehlt es auch in der Handschrift II nicht an Flüchtigkeiten und Nachlässigkeiten, auch nicht an offenbaren Missverständnissen. In einigen nicht unwesentlichen Punkten steht die Handschrift I dem Originale viel näher, und auch die deutsche Uebersetzung, obwohl im Allgemeinen dem Texte der Handschrift II folgend, schliesst sich hie und da an jene an.

III. Lateinische Handschrift zu Pressburg.

Diese Handschrift ist gegenwärtig verschollen. In der von Michnay und Lichner im Jahre 1845 erschienenen Ausgabe des Ofner Stadtbuches findet sich S. XIII, Nota 7 folgende Bemerkung: „Dass in jener Zeit (der Entstehungszeit des Stadtbuches) verschiedene Rechtsbücher in Ungarn zur Belehrung und wohl auch zur gelegentlichen Rechtsprechung im Gebrauch waren, lässt sich hinlänglich erweisen. Selbst derartige Handschriften kommen hie und da vor. Herr von Gyurikovits besitzt einen sehr nett geschriebenen und bis auf den Einband wohlerhaltenen Rechtscodex mit den Schlussworten: Hic legalium constitutionem liber anno Christi 1489 feliciter consumumatus jure optimo veraque possessione attinet honorabili atque consulto viro domino Nycolao Ebendorffer suisque filiis. Der Anfang lautet: *Propter paternalem amorem, quem* etc.'

Aus diesen Anfangsworten geht die Identität dieses Codex mit unserer Summa unzweifelhaft hervor. Nach meinen eingeholten Erkundigungen starb Herr von Gyurikovits, Magistratsrath in Pressburg, schon im Jahre 1848 mit Hinterlassung vieler Kinder, die in alle Welt zerstreut und ganz herabgekommen sind. Seine Bücher und Manuscripte wurden an unbekannte Leute verkauft. Der Ort, wo sich die Handschrift befindet, lässt sich heutzutage nicht mehr eruiren. Indessen ist ihr Verlust nach der Versicherung des gegenwärtig noch in Pressburg als professor emeritus lebenden Mitherausgebers des Ofner Stadtbuches Lichner nicht allzusehr zu beklagen. Er hat sie nämlich seinerzeit eingehend mit der deutschen Handschrift der Summa verglichen und gefunden, dass sie mit ihr in allen Einzelnheiten auf das Genaueste übereinstimmt und sich diese an den Text des lateinischen Codex mit einer an Aengstlichkeit grenzenden Treue angeschlossen hat. Es lässt sich daher auch ohne Einsicht in diese Handschrift mit Zuverlässigkeit annehmen, dass ihr Text zu den anderen Handschriften in demselben Verhältnisse stand wie der der deutschen Uebersetzung.

IV. Deutsche Handschrift der evangelischen Lyceumsbibliothek zu Pressburg.

Die Beschreibung dieser mir längere Zeit freundlichst zur Benützung überlassenen Handschrift ist folgende:

Diese, von dem Geschenkgeber Codex Ballusianus genannt, ist ein ziemlich dicker Papiercodex in Grossquart aus dem Ende des XV. oder Anfang des XVI. Jahrhunderts, in dicke, mit gepresstem Schweinsleder überzogene Holzdeckel gebunden (Signatur: Jus. germ. Ms. am Rücken). Nach einem leeren Blatt folgt die deutsche Uebersetzung der Summa, durchgängig geschrieben, mit breiten Rändern. Die Aufschriften der Capitel sind schwarz und grösser geschrieben. Die Schrift ist ziemlich leserlich und ohne Ausbesserungen und Glossen. Die Blätter (im Ganzen 106) sind nicht foliirt. Dann folgt auf vier Blättern das Schlusswort und das Register, darauf eine Aufzeichnung der ungarischen Tavernicalartikel unter König Sigmund: Es wirtt gefragt in welchem massen u. s. w. Item zum ersten etc., achtzehn Artikel auf zwei Blättern. Sodann abermals auf zwei Blättern Die ordnung der artikel der syben freyen stette u. s. w. Ferner auf einem dritten Blatt Die hernach geschriben artikeln werden begriffen jn etlichen freyheitlichen brieffen des allerdurchleuchtigisten fuersten vnd hern Wladislai von gotes gnad zu Hungern, Behem etc. Kunigs jn dem Jare von cristi geburt 1499 vber die freyungen vnd gewonhaiten des stul maysters Tawernicorum vnd der syben freyen steten ju gerichten vnd auch appellationen gehalten zu werden von seiner Mtt gnediglich verlihen. Auf zwei Blättern folgen sodann die Artikel. Hierauf noch 53 leere Blätter.

Dass man es hier mit einer deutschen Uebersetzung der Summa zu thun habe und nicht etwa mit dem ursprünglich deutsch abgefassten Originale, kann keinem Zweifel unterliegen. Dass sie in Ungarn wahrscheinlich in der zweiten Hälfte des XV. Jahrhunderts gemacht wurde, geht aus H. 74 hervor, wo bei dem beneficium der Scholaren an die Stelle von Bologna die Schule zu Ofen gesetzt wird: Es ist auch ein hulff, die geburtt den schulern: wann der schuler, welcher zu Ofen wanet, ist vnderwurffen dem gemainen rechten des richters zw Ofen, darumb das er wanung hett zu Ofen. Aber vmb die freyhaitt mag er sich absodern vnd sagen, das er welle vor seinem richter beklagt werden, vnd mag sich der hulff verzeyen. Im Ganzen und Grossen schliesst sich diese Uebersetzung und wohl auch so ihre lateinische Vorlage an den Text der Handschrift II an, auch die Capiteleintheilung und ihre Ueberschriften sind genau dieselben. Nur in einzelnen Ausdrücken folgt sie der Handschrift I. Die technisch-juristischen lateinischen Ausdrücke sind in der Regel durch entsprechende deutsche übersetzt, nur hie und da ist der lateinische Ausdruck beibehalten. Die in der Summa so zahlreich vorkommenden Gedächtnissverse sind durchgängig in lateinischer Sprache aufgenommen.

Die Herausgeber des Ofner Stadtrechtes fahren am angegebenen Orte fort: ‚Eine deutsche Uebersetzung dieses durchaus lateinischen Rechtsbuches aus dem XVI. Jahrhundert (wohl schon aus dem XV.) hat Herr von Ballus der Bibliothek des evangelischen Lyceums in Pressburg geschenkt (daher die Benennung Codex Ballusianus). Das Ganze ist ein Gemisch von Natur- (sic), Röm. und Kanon. Recht und steht mit dem ungrischen Recht in keiner anderen Verbindung, als dass es am Ende auf fünf Blättern die vom Tavernicus Johann Thüz von Lák redigirten Tavernicalartikel als Anhang enthält — ein Zeichen, dass es in Ungarn irgend einen Gebrauch hatte. Gewiss hat Werbewcz, dessen Gelehrsamkeit mit Rücksicht auf die damalige Zeit alle Achtung verdient, bei der Ausarbeitung seines Tripartitums solche Rechtsbücher nicht unbenützt gelassen. Eine darauf sich beziehende Untersuchung hätte mehr als einen blos literärischen Werth.'

Zweck, Form und Inhalt der Darstellung.

Der Verfasser beginnt sein Werk mit den Worten:
Propter paternalem amorem, quem ad filios meos dilectos habeo, aggressus sum ex parvitate mei ingenii multis vigiliis

et laboribus immensis unam *summam legum* brevem, levem et utilem stilo clarissimo componere, ut in ea se exerceant, quousque perveniant ad majora.

Gleich den Institutionen soll es demnach ein kurzgefasstes Lehrbuch des Rechtes für Anfänger sein, nicht ein gelehrter Commentar der Rechtsquellen, sondern eine blosse Vorbereitung für ernstere Arbeiten und tiefere Rechtsstudien, wie etwa der fränkische Mönch Marculf seine Libri duo formularum schrieb, ad exercenda initia puerorum. Es gehört daher jener Classe der Literatur der fremden Rechte an, deren Geschichte Dr. Rod. Stintzing unter dem Namen: populäre Literatur des römisch-kanonischen Rechtes behandelt hat und die Theodor Muther die Literatur für die pauperes und minores nennt. Es dient demselben Zwecke, dem unsere heutigen Compendien gewidmet sind.

Ist es nun überhaupt nicht das römische Recht, das in Deutschland recipirt wurde, sondern die italienische Rechtswissenschaft, der auch dieses Werk seiner Grundlage nach angehört, ‚die römisch-germanische Jurisprudenz‘, wie Briegleb in seiner Geschichte des Executionsprocesses, 2. Aufl., I. S. 26, Nota *), sagt, so sind es hinwiederum nicht die umfangreichen exegetischen Werke der Glossatoren und Commentatoren, ihre schwerfälligen Folianten und Lecturen, welche zu dieser Reception am meisten beigetragen haben. Es sind Werke dieser Art wie das unsrige, denen der grösste Antheil an diesem denkwürdigen Processe zukommt. Der Sache nach — sagt Stintzing (Gesch. der d. Rwiss., 1. Abth. 1880, S. 49) - recipirte man nicht das Corpus juris, sondern die Ergebnisse der Literatur der Postglossatoren, in welcher Justinians Gesetzgebung zu einem halbmodernen Rechte umgebildet war. Die schärfsten Gegensätze zum germanischen Rechte waren darin beseitigt oder umhüllt. Das Ganze erschien als eine in lebendiger Uebung stehende Rechtspraxis.

So ist es denn auch überall die Rücksicht auf die praktischen Lebensverhältnisse und die Rechtsanschauungen jener Zeit und jenes Bodens, in welcher und für welchen diese Summa geschrieben ist, die die Darstellung durchgängig beherrscht. Es ist die praktische Rechtspflege, in die er die Grundsätze des römischen Rechts einzuführen bemüht ist, der Lebenskreis, den er nach diesem regeln will, das städtische Rechtsleben.

Wenn er seine Darstellung mit den Worten beginnt: Necesse
est omnem *rectorem et gubernatorem civitatis* duo ad minus in
se habere: videlicet legum scientiam et armorum providentiam,
ut per leges tempore pacis hominum malitias expellat, et per
arma tempore inpacis impugnationibus hostium resistat. Primo
igitur dicendum est de legibus, postea de armis (im Einklange
mit dem Proömium der Institutionen: imperatoriam majestatem
non solum armis decoratam, sed etiam legibus oportet esse ar-
matam etc.), so ist es nicht der Staat, sondern die Stadt und
ihre Regierung, von der er spricht. Wenn er von judicia nostra,
forum nostrum spricht, so ist es das Stadtgericht, das er meint.
Wenn er den leges die consuetudines entgegensetzt, wenn er
abweichende Sätze in seine Darstellung des römischen Rechtes
verarbeitet, so gehören sie dem Kreise des städtischen Rechtes
an, und insbesondere jener Stadt, in der er lebte und, wie es
scheint, als praktischer Jurist thätig war. In der Form einer
geordneten Darstellung des römischen Rechtes will er der praktischen Rechtspflege dieser Stadt jene Gestaltung geben, die
ihm seine in Italien erworbene gelehrte Bildung und Kenntniss
des römischen Rechtes als die zweckmässigste für ihre recht-
lichen Bedürfnisse erscheinen lässt. Allerdings geht er in dieser
seiner romanisirenden Tendenz weiter als die sogenannte Concordanzliteratur des XIV. und XV. Jahrhunderts, als beispielsweise der Brünner Stadtschreiber Johannes, der in seinem ungefähr gleichzeitig verfassten Brünner Schöffenbuch (Rössler,
D. Rdenkmäler, II. Th.) römische Sätze mitten unter deutschen
Schöffensprüchen vorträgt oder sie zu ihrer Begründung ver-
wendet, weiter als der italienische Jurist Gotzius al Orvieto,
dem K. Wenzel II. von Böhmen um das Jahr 1300 die Ausarbeitung der constitutiones metallicae für Böhmens Bergstädte
übertrug; doch steht seine Darstellung des römischen Rechtes
überall unter dem Einflusse deutscher Rechtsanschauungen,
seine Beispiele entnimmt er grösstentheils dem praktischen
Rechtsleben seiner Zeit und jenes Ortes, wo er lebte. Ganze
Partien seines Werkes sind dem römischen Rechte fremd. Und
diese Seite des Rechtsbuches ist es vorzüglich, die es als eine
Art Unicum in der Literatur des römischen Rechtes wenigstens
in Deutschland noch vor seiner Reception als gemeinen Rechtes
erscheinen lässt und ihm das Anrecht auf grössere Beachtung

gibt, als es bisher gefunden hat. Wenn auch in Frankreich Werke vorkommen, die in die Darstellung des römischen Rechtes einheimische und volksthümliche Sätze verarbeiten, so sind uns Werke dieser Art in Deutschland gänzlich unbekannt, wenn wir etwa absehen von jenen, die daselbst unter der Bezeichnung Summae de casibus, Summae confessorum als Hand- und Hilfsbücher für Parochien, Beichtiger und Officiale der geistlichen Gerichte, für die geistliche Amtsführung und geistliche Gerichtsthätigkeit theilweise noch vor der Reception des römischen Rechts als gemeinen entstanden sind, und deren Einfluss für die Verbreitung römischer Ansichten ich übrigens ebensowenig unterschätzen will wie Rössler (a. a. O. S. CXXI). Denn wenn diese auch römische Rechtsmaterien nebenbei behandeln, so ist ihr Hauptinhalt und Zweck doch ein ganz anderer, die Darstellung des römischen Rechtes keine systematische, sondern blos gelegentliche. Die Kirche lebte eben nach dem römischen Rechte. Für die geistlichen Gerichte waren die Grundsätze des römischen Rechtes massgebend. (Ueber diese Werke der geistlichen Jurisprudenz s. Stintzing pop. Lit. c. 10, S. 489 —536.)

Der Verfasser nennt sein Werk eine brevis *summa legum* (summula Handschr. III). So allgemein nun auch diese Bezeichnung Summa für Werke verschiedener Art, die aus der Glossatorenschule hervorgegangen sind, gebraucht wird, so wird mit diesem Namen doch vorzüglich nur eine allgemeine Uebersicht über ganze Titel von Rechtsquellen oder eine systematische Darstellung über einen mehr oder minder umfassenden Gegenstand bezeichnet. Eine Schrift, die den ganzen oder selbst nur den Privatrechtsstoff erschöpft, findet sich weder in der Geschichte des römischen, noch kanonischen Rechtes mit diesem Namen bezeichnet, selbst dann nicht, wenn sie sich mehr oder weniger von der Legalordnung der Quellen zu emancipiren und den Stoff in freier Behandlung darzustellen strebt, wie es hauptsächlich bei kanonischen Schriften der Fall ist. Auch diese sind jedoch in der Regel der Form nach Commentare eines bestimmten Rechtsbuches. (Vgl. Max Conrat a. a. O. S. XII.)

Dem Umfange nach ist das Werk ungleich kürzer und gedrängter als beispielsweise die Summen des Placentin, Azo und die kanonische des Hostiensis, aus der es einen grossen Theil seines

Inhaltes geschöpft hat. Und doch steht es ihnen an innerem
Gehalte nicht nach, lässt sie aber an praktischer Brauchbarkeit
weit zurück. Wenn der Verfasser in seinem verhältnissmässig
viel kürzeren Werke dasselbe erreicht, ohne denselben Anspruch auf die Erschöpfung des Stoffes zu machen wie diese,
so ist dies vorzüglich zwei Momenten zuzuschreiben: 1. Der
Ausscheidung der unendlichen, weitschweifigen und zu häufig
geschmacklosen Controversen, die einen grossen Theil jener
literarischen Producte ausfüllen. Nicht als ob er nicht hie und
da controverse Fragen aufwürfe. Doch beschränkt er sich
darauf, die entgegengesetzten Meinungen kurz zu präcisiren
und ihnen gegenüber seine eigene, zuweilen originelle Ansicht
mit wenigen Worten zu begründen. Ego autem dico, mihi
videtur salvo judicio meliorum u. s. w. 2. Hält er sich frei
von jener massenhaften Anhäufung von Citaten aus den Rechtsquellen, von denen die Werke der Glossatoren und Summisten
des XII. und XIII. Jahrhunderts strotzen, und begnügt sich
mit der allgemeinen Hinweisung auf die leges und canones.
Eine ausdrückliche Verweisung auf bestimmte Stellen der römischen und kanonischen Rechtsbücher findet sich nur selten.
In dieser Beziehung nähert sich unsere Schrift in ihrem Charakter wieder den Brachylogus und den anderen noch vor dem
Auftreten der Glossatorenschule erhaltenen Schriften über das
römische Recht. Man findet in ihr dieselben einförmig wieder-
kehrenden Gedanken und Lehren, die gleiche Knappheit, Klarheit und Schärfe des Ausdruckes, die nämliche Gewandtheit
und Liebe des Definirens, dieselbe vorwiegende systematische
Richtung und Sparsamkeit mit Quellencitaten wie in der vor-
bolognesischen Literatur. (Siehe Herm. Fitting: Jur. Schriften
des früheren Mittelalters, S. 112.)

Was der Verfasser zunächst bezweckte, ist eine kurze
und klare Uebersicht über das römische Recht seiner Zeit.
Die äussere Form der Darstellung steht mit dieser Absicht
in genauem Einklange. Seinem Versprechen: unam summam
brevem, *levem et utilem, stilo clarissimo* componere, bleibt er im
ganzen Umfange seiner Darstellung treu. Ueberall geht er der
Versuchung sorgfältig aus dem Wege, seine unstreitig tiefere
Kenntniss, seine erworbene gelehrte Bildung hervortreten zu
lassen. Seine Darstellung ist überall schlicht, klar, knapp und

präcis. Er vermeidet überflüssige Wiederholungen und unnütze Abschweifungen, begnügt sich mit einer kurzen Verweisung auf bereits Gesagtes und damit, die Fragen, die sich allenfalls zu einer Materie aufwerfen liessen, einfach zu pointiren. Offenbar hat er sich hierin jene kleinen monographischen Arbeiten (summulae) des Johannes Andreae und Anderer zum Vorbild genommen, und diese Schriften verdanken gerade dieser Eigenschaft ihre grosse Verbreitung. Rubriken und Rubricellen geben den Inhalt der Abschnitte kurz an. Im Anfange werden die zu beantwortenden Fragen kurz präcisirt und sodann der Reihe nach beantwortet. Voran steht in der Regel die Definition, die nicht selten durch etymologische Ableitung gewonnen wird. Ganz besonders tritt die Vorliebe für Gedächtnissverse hervor, wie es auch bei seinen Vorbildern der Fall war, und die topische Anordnung des Stoffes im Anschluss an solche. Die Schrift steht in der äusseren Form ganz unter dem Einflusse der scholastischen Methode mit ihren Definitionen, Divisionen und Subdivisionen, die die Literatur des Mittelalters beherrscht.

Ist nun die massvolle Selbstbeherrschung, die sich der Autor in Beziehung auf seine äussere Form auferlegt, ein unbestreitbarer Vorzug des Werkes, so ist noch ein viel grösseres Gewicht auf sein unverkennbares Streben zu legen, sein Werk zu einem innerlich und organisch zusammenhängenden zu gestalten, auf das Streben nach einer selbstständigen, von der Reihenfolge der Quellen unabhängigen systematischen Darstellung. In dieser Beziehung kann man sein Werk mit vollem Rechte als einen beachtungswerthen Ansatz zu einem System des Rechtes und insbesondere des Privatrechtes bezeichnen, soweit die Zeit, in der der Verfasser lebte, einem solchen Streben überhaupt günstig war. Ist es ja doch erst ein Verdienst unserer Zeit, diese Seite des Rechtes, die organische und systematische, in ihrer Bedeutung zur vollen Geltung und Anerkennung gebracht zu haben. Es wäre wohl unbillig, in dieser Beziehung den Massstab unserer Tage an diese Schrift anlegen zu wollen.

In neuester Zeit (1882) hat, wie bereits erwähnt, Dr. Max Conrat (Cohn) unter dem Titel: „Das Florentiner Rechtsbuch, ein System des römischen Privatrechtes aus der Glossatorenzeit" eine Florentiner Handschrift herausgegeben, der er eine ausgezeichnete und eigenthümliche Stellung in der mittelalterlichen Literatur des römischen Rechtes zuweist, indem dieser zwar nicht die systematische, also von der blossen Erläuterung der Rechtsquellen sich emancipirende Behandlung des gesammten Privatrechtsstoffes, wohl aber die Darstellung desselben nach einem eigenen System unbekannt geblieben sei (S. XXIX). Er bemüht sich nun, nachzuweisen, dass dieses Werk, das er in den Anfang des XIII. Jahrhunderts setzt, in der That ein System des gesammten Privatrechtes und insoferne in der Behandlung und Anordnung des Stoffes nicht allein der erste, sondern auch auf Jahrhunderte hinaus der einzige Versuch zu einer von dem System der Quellen sich emancipirenden Darstellung des römischen Rechtes geblieben sei.

In gleichem, wenn nicht vielleicht in höherem Grade lässt sich dies von unserer, in ihrer Abfassung etwa ein Jahrhundert späteren Summa legum behaupten. Zwar findet sich auch hier wie im Florentiner Rechtsbuch das System der Institutionen personae, res, actiones der Eintheilung in drei Bücher zu Grunde gelegt, und es hat unverkennbar dem Verfasser auch hier die Reihenfolge der Titel in jenen wenigstens im Allgemeinen zum Vorbild gedient. Nirgends jedoch bindet sich die Behandlung des Stoffes strenge an die Legalordnung. Materien, die in den Rechtsquellen nicht behandelt werden, finden hier eine ausführliche, mit dem dem Verfasser vorschwebenden Plane im organischen Zusammenhange stehende Behandlung. Andere in den Quellen vorkommende Titel werden ganz übergangen oder an anderen Orten dem Plane gemäss behandelt. An vielen Orten ist der Verfasser bemüht, den äusseren Zusammenhang der behandelten Materien durch Nachweisung ihrer inneren Verbindung zu rechtfertigen.

Nachstehende Uebersicht möge dazu dienen, den Inhalt des Werkes, die Reihenfolge der Materien, sowie auch das System des Verfassers zur Anschauung zu bringen, indem die im Werke selbst hervortretenden Verbindungsfäden der einzelnen Materien besonders hervorgehoben werden. Das ganze Werk ist in drei Bücher eingetheilt, in welchen die einzelnen Abschnitte ursprünglich nur durch kurze Ueberschriften (rubricae) bezeichnet, später jedoch durch fortlaufend gezählte Capitel unterschieden wurden. Das erste Buch enthält zuerst einen allgemeinen Theil, c. 1—19 über die Begriffe Recht, Gerechtigkeit, Jurisprudenz, Ursprung und Eintheilung des Rechtes, öffentliches und Privatrecht, dieses wieder naturale, gentium und civile, geschriebenes und ungeschriebenes, Gesetzes- und Gewohnheitsrecht. Wenn es im c. 1 De rectore et gubernatore civitatis am Schlusse heisst Primo igitur dicendum est de legibus (tempore pacis), postea de armis (tempore impacis), so scheint es, dass an den Gegensatz zwischen Civil- und Strafrecht gedacht sei, von welch' letzterem, wenngleich von einem privatrechtlichen Gesichtspunkte aus, im dritten Buche gehandelt wird.

c. 15 handelt de privilegiis scriptis. Cum privilegia pro legibus habeantur, ut scribitur in decretis, videndum est de privilegiis. Daran schliesst sich naturgemäss c. 16 De instrumentis publicis. Licet de publicis notariis et de eorum instrumentis in juris judiciis civilibus non sit consuetudo nec cura, tamen propter alia judicia pauca de ipsis intendo annotare. Die c. 17, 18 und 19 handeln sodann von den öffentlichen Urkunden und den Siegeln.

Mit dem c. 20 *De jure personarum, rerum et actionum* beginnt der besondere Theil. Omne jus, quo utimur, vel ad personas pertinet, vel ad res, vel ad actiones. Sed quia parum est jus personarum nosse, si ipsae personae ignorentur, quarum causa statuitur, *igitur de personis est videndum*. Das c. 21 spricht sodann de conditione hominum in generali. Sunt autem duplices personae videlicet impuberes et puberes. Die c. 22, 23 und 24 handeln von der väterlichen Gewalt. c. 22 In paterna potestate sunt omnes pueri nostri puberes et impuberes non emancipati, quos de justis nuptiis procreavimus. c. 24 wird unter den Aufhebungsarten der väterlichen Gewalt angeführt quinto quum patri vel filio civitas interdicitur perpetue propter magnum crimen. Das c. 25 spricht demgemäss davon, quot modis civitas interdicitur.

Die c. 26—31 handeln de sponsalibus et matrimonio und enthalten ein ausführliches Eherecht, eingeleitet durch die Worte: quia superius mentio facta est de justis nuptiis, ideo nunc de sponsalibus et matrimoniis est dicendum.

In den c. 32—41 wird das Vormundschaftsrecht eingehend behandelt. Das c. 42 zählt die Personen auf, die handlungsfähig sind, qui possunt contractum facere. c. 43 und 44 behandeln die Handlungsfähigkeit der Jungfrauen, Witwen und Ehefrauen, woran sich die c. 45 und 46 über die Gründe der Ehe und über die Rücksichten schliessen, die den Mann bei der Wahl seiner Frau leiten sollen. Das c. 47 spricht davon, quomodo quis se ipsum debet regere, worauf das c. 48 de regimine domus den Begriff des Hauses und der Familie erörtert. Die c. 49—54 behandeln sodann die Verhältnisse der Familienglieder, das des Mannes zur Frau, der Frau zum Manne, des Vaters zu den Kindern und umgekehrt, das des Hausvaters zu seinem Gesinde. In den c. 55—63 wird im weiteren Fortschritt von dem regimen domus zu dem regimen civitatis übergegangen. Diese Capitel enthalten eine ausführliche Darstellung der Stadtverfassung, Begriff der Stadt, die vier Classen der städtischen Beamten, Unterschied zwischen praetorium (Schranne) und consultorium (Rathhaus). Die zwei letzten Capitel des ersten Buches c. 64 und 65 Quid principes faciant und De tyrannis zeichnen uns das Bild eines guten Fürsten und seiner Kehrseite des Tyrannen.

Das Personenrecht des Verfassers, dem das erste Buch grösstentheils gewidmet ist, bleibt daher nicht bei der Einzelperson und ihrem Verhältniss zu anderen Einzelpersonen stehen, sondern schreitet über das Gebiet des Privatrechtes hinaus in aufsteigender Gliederung stufenweise zu ihrem Verhältniss zu immer höheren Gesellschaftskreisen zur Familie, zur Gemeinde und schliesslich zum Staate empor — in ähnlicher Weise wie das allg. preussische Landrecht, das in seinem zweiten Theile von dem Einzelnen als Rechtssubject zur Stellung desselben im Kreise der Familie, der Hausgenossenschaft, sowie in dem weiteren Zusammenhange gesellschaftlicher Verbände, der Ständegliederung und zuletzt zum Staatsorganismus selbst aufsteigt.

Das zweite Buch handelt *de jure rerum*.

c. 1 Superiore libro determinatum est de jure personarum nunc determinandum erit de jure rerum. Juxta quod notandum, quod in qualibet civitate et urbe Christiana tria rerum genera ad minus debent esse, scilicet *res Dei*, tum *universitatis* tantum, resque *singulorum* hominum tantum. Res Dei sunt omnes res sacre et religiose et piis annexae etc.

c. 2 *Singulorum* hominum res multae sunt et diversae; quaedam tamen ipsis *naturali jure* acquiruntur, quaedam *jure civili*, et *primo* determinandum est de hiis, quae *naturali jure* acquiruntur, und zwar multis modis 1. per occupationem Bienenrecht (c. 3), zahme (c. 4), zahmgemachte (c. 5), Hausthiere (c. 6), 2. per captionem (c. 7). 3. per inventionem (c. 8), per derelictionem (c. 9), 5. per alluvionem (c. 10), 6. per accrescentiam (c. 11), 7. per generationem (c. 12), 8. per intinctionem (c. 13), 9. per commixionem liquidorum (c. 14), 10. siccorum (c. 15), 11. per aedificationem (c. 16), 12. per plantationem (c. 17), 13. per seminationem (c. 18), 14. per scripturam (c. 19), 15. per picturam (c. 20). 16. per emtionem (c. 21), 17. per usufructum fundi (c. 22), 18. pecudum (c. 23), 19. per dationem (traditio des röm. Rechtes, ‚durch gebung' deutsche Uebers.) (c. 24), 20. per dotem et donationem (c. 25), 21. per venditionem (c. 26). Et haec de acquisitione *rerum corporalium* jure *naturali* dicta sufficiant. c. 27 Unterschied der res corporales und *incorporales*. Zu letzteren gehören die Rechte, insbesondere die Servituten, das jus reddituum und das jus census. Im c. 28 werden dann sofort die servitutes praediorum rusticorum, im c. 29 die praedia urbana, im c. 30 der usus fructus und die habitatio, im c. 31 der usus nudus, im c. 32 der usus aedium behandelt. Im c. 33 geht der Verfasser über zu den Acquisitionsarten der Sachen *jure civili*. Jure civili nobis res corporales et incorporales multis modis acquiruntur. *Primo* tamen dicendum est de hiis, quae nobis acquiruntur per *usucapionem* (‚durch nemung des brauchs oder ersitzunge' deutsche Uebers.) et per *praescriptionem* (‚gewere' deutsche Uebers.) (c. 34). c. 35 Est et *aliud* genus acquisitionis rerum jure civili, quod vocatur *donatio*. Diese ist dreifach simplex (c. 36), causa mortis, inter virum et uxorem, die dos (c. 37). In diesem und in den nachfolgenden Capiteln bis c. 43 incl. wird ein ausführliches Dotal- und eheliches Güterrecht entwickelt. In den c. 44—71 wird weiter das Erbrecht als dritte Erwerbungsart von Sachen nach dem Civilrecht eingehend behandelt. Acquiruntur nobis res jure civili *per testamentum et ab intestato relicta*. Demgemäss beschäftigen sich c. 43—60 mit der testamentarischen Erbfolge, die c. 61—68 mit der Intestaterbfolge, die c. 69 und 70 mit dem Begriffe der Verwandtschaft und der Schwägerschaft, das c. 71 mit der possessio bonorum.

Das c. 72 handelt de divisione rerum communium. Res dicuntur communes tripliciter *primo ex testamento, secundo ab intestato,* tertio a societate.

Das c. 73 handelt de rerum alienatione, d. i. von den Rechtsgeschäften, durch welche Rechte auf Sachen übertragen werden, und den verbotenen und unwirksamen Rechtsgeschäften, die c. 74 und 75 enthalten eine ausführliche Darstellung der beneficia et exceptiones juris — quaedam in odium, quaedam in favorem introducta, unde contingit, quod illae personae, pro quibus vel quarum occasione introducta sunt, per illa juvantur, *ne teneantur illis obligationibus rerum, quas fecerunt.* Sie werden nach dem Gesichtspunkte dargestellt, ob man auf sie verzichten könne oder nicht. Unter den allgemeinen Beneficia werden die verschiedensten Einwendungen zusammengefasst, die einzelnen Personen gesetzlich gegen die Giltigkeit abgeschlossener Rechtsgeschäfte zustehen.

Schliesslich werden im c. 76 die Personen, durch welche Sachen erworben werden können, kurz aufgezählt.

Das dritte Buch handelt *de actionibus et de aliis actiones consequentibus.* Secundum ordinem praemissum restat nunc in hoc tertio libro determinare de actionibus. *Sed quia obligationes sunt quasi quaedam praeparatoria omnium actionum,* igitur prius de ipsis est dicendum.

c. 1. Von den Obligationen im Allgemeinen. Begriff. Eintheilung: Civil- und Naturalobligationen. Vier Arten von Obligationen, die zugleich Civil- und Naturalobligationen sind: ex contractu, ex quasi contractu, ex maleficio und ex quasi maleficio. Die Obligationen *ex contractu* sind ebenfalls vierfach: aut enim re contrahuntur, aut verbis, aut litteris, aut solo consensu, de quibus per ordinem est dicendum.

1. Realobligationen: *Re* contrahitur obligatio quatuor modis per mutuum (c. 2): per commodatum (c. 3), per depositum (c. 4), et per creditum (c. 5), ut patebit per ordinem. c. 6 handelt vom Pfandrechte de pignoribus. Sed quia mentio facta est in obligatione de pignore, igitur videndum est de pignoribus.

2. Verbalcontracte: *Verbis* contrahitur (c. 7) obligatio multis modis scilicet promissione, fidejussione, pacto, vadiatione,

et de hiis omnibus videndum est in processu. 1. Promission oder Stipulation im c. 7, de fide jussione im c. 8; die c. 9 - 17 handeln de pactis. Begriff, Eintheilungen u. s. w. woran sich nach dem Vorgange des Codex die transactio anschliesst: Superius autem actum est de pactis in genere. Nunc autem videndum est de pactis in specie scilicet *de transactionibus*, quae sunt quaedam pacta.

3. Literalcontracte (c. 18).

3. Consensualverträge (c. 19), und zwar: de emptione et venditione; c. 20 de permutatione; c. 21 und 22 de locato et conducto und de jure emphyteotico (id est erbezins); c. 23 de societate; c. 24 de mandato.

Mit dem c. 25 beginnt die Darstellung der *obligationes quasi ex contractu*. Nota quod aliquis dicitur obligari quasi ex contractu quinque modis. c. 26 handelt de *solutionibus*. Quia solutione ejus, quod debetur, omnis obligatio tollitur, igitur post tractatum de obligationibus sequitur rubrica de solutionibus.

Im c. 27 kommt der Verfasser auf den Begriff und die Eintheilung der Contracte zurück. Quia vero supra mentio facta est de contractibus, videndum est ergo nunc, quid sit contractus, quot ejus species.

3. Mit dem c. 28 beginnt die Darstellung der *obligationes ex maleficio*. Superius visum est de obligationibus ex contractu vel quasi ex contractu. Restat nunc determinare de obligationibus ex maleficio vel quasi ex maleficio. Et prius notandum, quod hae obligationes omnes ex maleficio unius gradus sunt, nam omnes ex ipso maleficio nascuntur veluti ex furto, ex rapina, aut ex dampno aut injuria et cetera, de quibus omnibus per ordinem est dicendum. Et primo de furto (c. 28 und 29), de sacrilegis (c. 30), de raptoribus (c. 31), de raptu virginum (c. 32), de praedonibus (c. 33), de incendiariis (c. 34), de usura (c. 35), de crimine falsi (c. 36), de sacrilegis et divinatoribus (c. 37), de homicidio (c. 38—40), de injuria. Superius tractatur de criminibus et excessibus. Sed quia ex his injuriae proveniunt, et dampna frequenter inferuntur, sequitur hic rubrica de injuria, und zwar c. 41 und 42 de injuria et dampno *tuis dato vel facto* und c. 43 de dampno et injuria *de tuis alio dato vel facto*.

4. c. 45. *De obligationibus quasi ex maleficio* - quinque modis.

Das c. 46 handelt de *proscriptione*. Quia frequenter convictus proscribitur, igitur subicitur hic rubrica de proscriptione. c. 47 *de expurgationibus*, qualiter quis se expurget de crimine sibi imputato seu objecto. Superius visum est de accusationibus et incusationibus de criminibus, de debitis, de promissis, de pactis. Sed quia in hiis ad purgationem frequenter pervenitur, ergo subicitur hic rubrica de expurgationibus cunctorum praedictorum.

Die letzten zwei Capitel 48 und 49 handeln von den Strafen *de poenis* ex maleficio debitis. Certum est, quod accusatus, si se expurgare non potest, incurrit poenam. Igitur subscriptis de poenis est tractandum. Juxta quod nota etc.

In dem System des ganzen Werkes tritt daher überall das Streben hervor nach freier, selbstständiger, sich von der Localordnung der Quellen emancipirender Darstellung des Rechtsstoffes, wenn es sich auch nicht bestreiten lässt, dass das System der Institutionen auf dasselbe einen Einfluss geübt hat. Doch ist der Verfasser bemüht, es nicht nur durch Einfügung neuer Materien aus-, sondern es häufig nach ganz neuen Gesichtspunkten selbstständig umzugestalten. Wenn er vielfache Materien ausführlich behandelt, die, als dem Gebiete des eigentlichen Privatrechtes fremd, heutzutage von der Behandlung desselben ausgeschlossen werden, und über das Privatrecht hinaus in andere Gebiete, namentlich des öffentlichen Rechtes und selbst der Moral hinüberstreifen, so bleibt er insofern dem Charakter des römischen Rechtes treu, das ja in seiner Grundlage wesentlich Privatrecht ist, als er sie privatrechtlichen Gesichtspunkten unterordnet und diesen die Motive zu ihrer systematischen Einreihung entlehnt. So entwickelt er beispielsweise in III, 38 de homicidio die Bedingungen eines gerechten Krieges, indem er ihn unter den Gesichtspunkt der erlaubten Tödtung stellt. Item licet hostes occidere in justo bello. Item nota, quod quinque requiruntur ad justum bellum. Primo persona scilicet secularis, cui liceat bellare. Secundo res, pro quarum defensione vel conservatione vel recuperatione, aut patriae defensione licet bellare. Etiam pro injuria illata amore justitiae licet bellare. Tertio causa scilicet necessitatis, ut per bellum pax acquiratur. Quarto scilicet animo justo et recta intentione ut non propter odium vel propter avaritiam sed solum propter justitiam. Quinto requiritur auctoritas scilicet ecclesiae, si pugnatur pro fide, vel auctoritas principis terrae requiritur, si pugnatur pro defensione patriae.

In der Hervorhebung von Einzelnheiten aus dem reichen Inhalte legt mir die Rücksicht auf den dieser Abhandlung gegönnten Raum die äusserste Sparsamkeit auf: doch möge hier die Stellung des Werkes zum römischen Rechte und insbesondere zum einheimischen durch einige Citate und durch an sie geknüpfte Bemerkungen charakterisirt werden.

Im engen Anschlusse an die Institutionen §. 3. I. de jure nat. gentium 1. 2. sagt der Verfasser in 1, 5: Constat autem jus nostrum, quo utimur, aut ex scripto aut ex non scripto. Scriptum jus est lex, plebiscita, senatus consulta et principum placita. In I, 10 *Qui primus leges condiderit* heisst es: Moises primus fuit, qui Ebreis divinas leges explicavit, Forroneus rex Graecorum Graecis primus leges judiciaque constituit, Mercurius Egyptiis, Lycurgus Lacaedemoniis, Numa Pompilius Romanis leges condebant, *Carolus Suevis, Julius* omnibus imperio subjectis. Dass dem Verfasser hier das seit dem Beginne des XVII. Jahrhunderts allgemein unter dem Namen Schwabenspiegel bekannte, in einzelnen Handschriften als Königs oder Kaisers Carl Rechtsbuch benannte, im Volksmunde schon während des XIV. und XV. Jahrhunderts hie und da als ‚svevisch recht' oder ‚landesrecht' zu Schwaben bezeichnete kaiserliche Land- und Lehensrecht vorschwebe, ist offenbar.

Der Schwabenspiegel war in Oesterreich in zahlreichen Exemplaren verbreitet. Auch in Wiener-Neustädter Handschriften kommt er einige Male vor. (Vgl. Winter, Das Wiener-Neustädter Stadtrecht aus dem XIII. Jahrhundert, S. 11, 13, 16, 17.) Gewiss war er dem Verfasser bekannt; ob er ihn auch in seinem Werke benützt habe, ist trotz der Gleichheit mancher Rechtssätze zweifelhaft. Nicht unbeachtenswerth ist hiezu auch die Erwähnung Julius' in der zu dem in der Mitte des XIV. Jahrhunderts gefälschten Privilegium majus für Oesterreich gehörigen Bestätigung der wörtlich eingerückten Privilegien der Kaiser Julius und Nero durch Heinrich IV. angeblich vom Jahre 1058.

I, 11 *Qui nostris temporibus leges condere possit. Principes* nostri temporis primo possunt leges condere, secundo *consules,* tertio *populares.* Das Gesetzgebungsrecht wird also für die neuere Zeit in erster Linie den Landesfürsten zugeschrieben. Ursprünglich ist dem Verfasser das römische Recht die lex scripta. In I, 71 Rubr. de bon. poss. werden sechs gradus successionis in bonorum possessionibus aufgezählt. *Augustus imperator* tantas successiones admisit, ne quis sine successione moriatur. Während von den principes und den leges principum häufig die Rede ist, wird des imperator nur in drei Stellen gedacht. I, 30 wird gesagt, dass illegitime Kinder per dominum papam vel imperatorem legitimirt werden. I, 15 potest concedere *privilegium* papa et imperator, quod hii sunt supra jus et juribus non ligantur, und III, 46 de proscriptione, wo die Landesacht, die nur für das Land (provincia) des Fürsten gilt, der Reichsacht entgegengesetzt wird. Quem autem *imperator* proscribit, ille est proscriptus in omnibus provinciis suo imperio subjectis.

In I, 4 *de origine juris* wird der allmälige Uebergang aus dem ungeordneten Zusammenleben der Menschen (dem später sogenannten Naturzustande) in den Staat geschildert. Et sic clare patet, quomodo *populus* prius sibi statuta et leges condidit. Secundo *consules* (d. h. die Weiseren und Besseren, die vom ganzen Volke zu diesem Zwecke gewählt wurden), tertio *princeps* populi. Sed hoc (fügt der Verfasser in sarkastischer Weise hinzu) nunc directe fit in contrarium. Primo enim principes leges condunt, secundo consules, tertio populares. Nec etiam jam principes eliguntur, nec consulares, sed omnia ad placitum scilicet non jure sed odio, amore vel favore.

Das *jus scriptum* wird I, 13 der mos et consuetudo entgegengesetzt, die bona et laudabilis consuetudo, quae pro lege tenetur der mala, quae debet pro nihilo haberi. In I, 14 de virtutibus *bonae* consuetudinis werden drei Eigenschaften einer solchen hervorgehoben: prima, quod *imitatur* legem id est ponitur pro lege, quum lex deficit; secunda, quae *interpretatur* legem, quum dubia fuerit; tertia, quae *corrigit* legem, cum enim est *communis* in toto mundo, tunc vincit legem. Cum autem est *specialis*, tum solum servatur in isto loco, ubi est consuetudo, imo alia lege superveniente vincitur et aboletur talis consuetudo.

Diese Stellung eines Gewohnheitsrechtes weist nun die Darstellung des Verfassers den leges, beziehungsweise dem römischen Rechte gegenüber dem einheimischen, somit dem deutschen Rechte an. An vielen Stellen heisst es: Ego autem puto consuetudinem patriae esse servandam. Häufig werden die consuetudines in diversis locis, provinciis oder regionibus angeführt, und wohl auch bei einer oder der anderen die Bemerkung hinzugefügt: Et haec est bona consuetudo oder et est mala consuetudo, oder er gibt einer den Vorzug vor der anderen, sed et alia via videtur *sanior* via (‚der besser weg' deutsche Uebers.) inter has omnes (I, 38). In I, 65 polemisirt er gegen die Gewohnheit des Vaterlandes non est consonum juri, z. B. gegen die in Oesterreich speciell übliche Ausschliessung der Ascendenten von der gesetzlichen Erbfolge, oder er erklärt eine Gewohnheit geradezu für absurd, z. B. den Erbfall des Fiscus anstatt der Ehegattin bei unbekindeter Ehe I, 67.

In manchen Stellen, wo die Institutionen in dem Werke benützt sind, z. B. bei der Endigung der väterlichen und vormundschaftlichen Gewalt, I, 30 de usufructu (vgl. §. 3, I, 2, 4), wird an die Stelle der capitis deminutio maxima et media die perpetua civitatis interdictio gesetzt und 1, 25 insbesondere davon gehandelt quibus modis civitas interdicitur: 1. *ad tempus* a) propter insolentiam et indisciplinam, et ille nec perdit res nec honorem sed solum usum rerum suarum tempore relegationis, b) propter infamiam, c) propter maleficium; 2. *perpetue*. Enge damit hängt das ungemein lehrreiche Capitel de proscriptione 46, III zusammen. *Proscriptio* est idem jure seculari, quod est excommunicatio, id est bannus jure spirituali. Species proscriptionis sunt alia perpetua, alia temporalis, alia neutra. Proscribere et proscriptum denuntiare potest *judex* habens auctoritatem et bannum a superiore sibi traditam (den Blutbann. Vgl. W. N. St., c. 1 und 67. Nach a. 119 St. LR. richtet ‚vber menschenplût' nur der Richter, der den Bann hat, und ebenso nach a. 233 ‚vber das or sam vber den hals', nach a. 232 über Diebstahl. Vgl. auch noch die a. 118, 210, 231, 235).[1] Pro-

---

[1] Ich bemerke hier der Kürze wegen, dass ich die Wiener Rechtsquellen nach meiner Herausgabe der Rechte und Freiheiten der Stadt Wien (Geschichtsquellen der Stadt Wien I. 1 das Wiener Weichbildbuch (W. W. B.) nach Schuster: Das Wiener Stadtrechts- oder Weichbildbuch; das Wiener-Neustädter Stadtrecht (W. N Str.) nach Winter: Das Wiener Neustädter Stadtrecht des XIII. Jahrhunderts; das steirische Landrecht (St. L. R.) nach Bischoff: Steiermärkisches Landrecht des Mittelalters;

scribitur *per haec verba*. Judex surgit in praetorio et dicit expresse: Ego denuntio N. in proscriptionem propter mortem hujus *et interdico eum omnibus suis amicis et licentio eum omnibus suis inimicis*, et si quis eum super hoc servaverit, faciat super jus suum. Vergleiche damit die Aechtungsformeln in Grimm's R. A., S. 39—43, und insbesondere das Achterkenntniss, das K. Heinrich VII. anno 1308 auf dem Reichstage zu Speier gegen die Mörder des Königs Albrecht, Johann von Oesterreich und seine Helfer, aussprach (Pertz, Mon. Germ. IV, S. 477: Wir haben in e und reht genomen . . . *wir verbiten sie ieren vreunden und erlauben sie iren veinden* u. s. w.). Im c. 48, III werden poenae in personam, ex contumacia und ex delicto unterschieden und von letzteren gesagt, poenae ex delictis sunt quatuor, scilicet exilium, inscriptio, proscriptio, relegatio. Diese Stelle ist jedoch wörtlich aus der Summa Hostiensis entnommen, ebenso wie die angeführten Gedächtnissverse:

> Exul abit sine spe patriae, reditusque reique,
> Inscriptus manet in patria, sed re spoliatur,
> Amittit proscriptus opes, non posset reverti,
> Quique relegatur, sua, cum remanebit, habebit.

Die städtischen Verfassungsverhältnisse, die der Verfasser in neun Capiteln, von 55—63, I, ausführlich behandelt, stehen nach seiner Darstellung auf einer solchen Stufe der Entwicklung, wie sie bei den österreichischen Städten erst seit K. Rudolf I., insbesondere seit seinem grossen Privilegium für Wien von 1278, 24. Juni II. beginnt und uns erst im XIV. Jahrhundert in ihrer Höhe und vollen Ausbildung entgegentritt.

Nachdem er im c. 55, I de regimine civitatis zuerst den Begriff und die Eigenschaften einer Stadt besprochen, fährt er im c. 56 fort: Rectores civitatis sunt quatuor, scilicet magister civium, consules, judex et populus. Die Stadt werde im Frieden per justas leges et consuetudines moribus utentium approbatas gubernari. Bene autem leges invenire spectat ad consules, bene custodire leges ad magistrum civium pertinet, bene judicare secundum leges pertinet ad judicem, bene servare leges spectat ad omnes cives.

den Sachsenspiegel (Ssp.) nach Homeyer; den Schwabenspiegel (Schsp.) nach Lassberg citire.

Magister civium (c. 57) seu rector civitatis debet principaliter in se quinque habere. Primo quod sit fidelis et prudens, secundo quod sit publicus, tertio quod sit pius, quarto misericors, quinto quod praemeditativus. Est autem officium ipsius, ut rem publicam semper et ante omnia praetendat, civitatem singulis mensibus respiciat, utilitates ipsius promoveat, defectus suppleat, contendentes super eorum causis ad consilium citet, populum in necessitate convocet, in occultis sententiata publice propalet, ad *consilium* et ad *praetorium* sexies in septimana vadat, et cum ipse ex causa legitima non potest interesse, tutum alium loco sui substituat, ne civitas negligatur. Der Unterschied zwischen praetorium (Schranne, Gerichtsstätte) und consilium (consultorium, Rathhaus, Berathungsplatz der Bürger) tritt uns schon im XIII. Jahrhundert in Ottokarischen Urkunden entgegen und erhielt sich in Oesterreich bis in die neueren Zeiten. Die Würde eines Bürgermeisters als Vorsitzenden im städtischen consilium taucht übrigens urkundlich in Wien 1296, in Wiener-Neustadt bereits 1285 auf. Vergleiche Winter, W. N. Str., S. 77, und Luschin, Gerichtsw., S. 210.

c. 59: *Quid sit consilium*. Et nota, quod consilium principaliter debet fieri de quinque: Primo de proventibus civitatis, secundo de alimentis, tertio de custodia, quarto de bello et pace, quinto de legislatione. Vergleiche damit Rudolf, 1278, II, a. 11.

c. 60. *Qui debent ad consilium eligi.* Debent autem ad consilium eligi viri *sapientes*, debitam aetatem habentes, *deum timentes*, avaritiam detestantes, munera omnino non sectantes (Vgl. Rudolf, 1278, II, a. 11 viri, *deum habentes prae oculis, sapientiores*, fideliores et utiliores. Albrecht I., 1296, a. 18 die got vor augen haben, und die getreuisten und die weisisten und die nutzisten und auch die erberisten sein.) Est autem eorum leges condere, *dubias interpretari* (siehe Urk. von 1277, 22. Nov., für Wiener-Neustadt a. 7. in Winter's Beiträge n. 13. Preterea *dubie questionum sententie* in pretorio sepedicte civitatis suborte per juratos civitatis et capitaneum vel a nobis *interpretationum vel requisitionum* recipient), obscura declarare, utiles confirmare, inutiles abolere, communem utilitatem promovere (Rudolf, 1278, a. 11 ad promovendum omnem honorem, utilitatem, commodum ac profectum tam nostrum, tam sacri imperii et etiam civitatis. Albrecht I., 1296, a. 18 daz sie vurdern alle ere und allen nutz und allen gemach und allen vrumen als wol den unsern sam der stat, armer und reicher), *juris rigorem mitigare* (W. N. Str. c. 71, penarum gravitas in emendis debet . . . per juratos *moderari*; a. 62

... *rigorem iusticie* aliqua remissionis levitas debeat comitari, illa satisfaccio per iuratos consilii *moderetur)*, defectum supplere (c. 60 statuimus, ut si forsitan novus casus oriatur, et huius pena instituatur per consilium civitatis; c. 54 emende per ipsos [cives juratos consilii] ... deponi poterunt vel minui vel augeri). pacem et commoditatem turbantes punire et corripere, seditiosos relegare, lites sedare, causas audire, sententias ferre, proventus civitatis scire, de alimentis civitatis providere, circa omne forum prospicere, praeementes punire, ut labores artificum juste et bone sint, prorsus attendere et cuncta alia facere, quae reipublicae bona et utilia videbuntur. (Rudolf, 1278, a. 11 teneantur sub debito iuramento omnibus rebus venalibus congruum forum imponere et similiter omni mercatui emtionis et venditionis instituere, ita ut ementi et vendenti juxta necessitatis et temporis exigenciam caveatur. Vgl. auch Albrecht I., 1296, a. 18.)

c. 61. *De regimine judicis.* Judex debet ad minus in se octo habere: videlicet perfectam aetatem, dei timorem, judicandi auctoritatem, legum scientiam, rectam prudentiam, vicorum custodiam, bonos mores et zelum justitiae.

c. 62. *Ubi causae civium sint tractandae.*

Nota, quod omnes causae sunt *in praetorio* expediendae, exceptis testamentis et ab intestato relictis, et appellationibus de praetorio, et querela super judicem et positione tutorum de viduis et orphanis, de injusta structura domorum, de positione officialium civitatis, de steura seu statera et de numero, pondere et mensura. Haec enim *in consultorio* ventilantur. Ueber das Dingen an den Rath (Appellation) s. Rudolf I., 1278, a. 19 und Albrecht I., 1296, a. 27. Ueber die Klage gegen den Richter Albrecht I., 1296, a. 19, und Winter, W. N. Str., S. 76, c. 91, wornach der Richter vor dem Bürgermeister (als Vorsitzender im städtischen consilium) zu Recht steht.

c. 63. *De regimine populi:*

Quia in populo potentia, et custodia et defensio civitatis consistit, consules nichil novi et ardui adinvenire nec constituere debent in civitate sine populi scitu et voluntate. Tenentur etiam consules singulis annis coram senioribus et potentioribus de populo rationem facere de cunctis perceptis proventibus civitatis.

Nach II, c. 1 soll es in jeder christlichen Stadt dreierlei Sachen geben: res dei, res universitatis, resque singulorum hominum. Res autem *universitatis* tantum sunt praetorium, consultorium, theatra, stadia, stratae, plateae, viae, semitae et pontes, tramites, naves, transitus. Etiam universitatis sunt omnes stationes extra domus civium constitutae, ubi res communes venduntur, et etiam census ex iis provenientes. Es werden dann zahlreiche Handwerker und Verkäufer aufgeführt.

Item communitatis sunt omnes census de turribus civitatis, de fossatis etc. Zu bemerken ist, dass der Stadt Wiener-Neustadt bereits von Ottocar 1253 (Winter, Beiträge, n. 2, a. 3) die Thore der Stadt überlassen wurden, so auch von Albrecht I. 1285 (Winter, n. 15, a. 7) die Thürme und Thore, welche Schenkung ihr auch wiederholt von den nachfolgenden Herzogen bestätigt wurde.

In I, 64 entwirft die Summa das Bild eines guten Fürsten.

Princeps et dominus naturalis terrae debet ad minus in se habere quindecim virtutes: primo deum super omnia timere et diligere, sibi diligenter servire et ejus mandata fideliter custodire, utilitatem communitatis praecogitare, proximiores suos ditare et exaltare et consiliare, nobiles in terra sua fovere, cives et subditos suos adjuvare et gratiose regere, scientiam literarum in regno suo habere, sapientes et fideles prae ceteris honorare, pietatem et justitiam amare, nulli minari in persona aut in rebus nec honore, de propriis contentus esse, aliena non invadere, adulatores et delatores non audire, pacem et concordiam et veniam annunciare sive civibus indicere et eis bene confidere, et ab ipsis se facere custodire, omnibus solemnitatibus civium suorum interesse et cum ipsis locari, et ne gwerra vel coactio in terra sua fiat, diligenter praecavere, querelas pauperum exaudire et super illas cum affectu judicare. Ex hiis habebit laudem et honorem et prompta obsequia ab hominibus in praesenti et in futuro a deo praemium sempiternum.

Dagegen die Kehrseite in I, 65:

Tyrannus vero facit in omnibus directe contrarium, quia deum non amat nec timet, ministros dei odit, utilitates proprias suas querit, proximos suos depauperat, deprimit et humiliat, nobiles in terra sua non permittit convalescere, cives et subditos suos opprimit et conculcat, literarum scientiam non curat, sapientes et fideles de honore repellit, pacem et justitiam odit, omnibus injuriatur personas occidendo, heredes eorum spoliando, uxores, filias et amicas suorum civium vitiando, pacem et concordiam disturbando, palpones, detractores et traditores homines fovet et diligit, maleficos non odit, civibus suis non confidit, imo ab extraneis se custodire facit, solemnitates civium prohibet, lites in terra sua cottidie procurat, causas viduarum et orphanorum non intrat, ad eum et secundum sua placita judicat. Ex hiis consequitur infamiam et inhonorem. Secundum Aristotelem talem tyrannum occidens magnum obsequium deo praestare videtur.

Quellen des Werkes.

I. Die römischen Rechtsquellen.

Schon ein flüchtiger Ueberblick zeigt eine grosse Belesenheit des Autors in den Justinianischen Rechtsbüchern, eine fleissige und selbstständige, nicht etwa erst durch kanonische Sammlungen oder Schriften der Decretisten vermittelte Benützung aller Theile des Corpus juris, die ihm als Ganzes, als ein geschlossenes Werk vorlagen, und auf die er die Bezeichnung leges ohne Unterscheidung anwandte. Ich darf mich hier wohl auf das Urtheil des verstorbenen Romanisten Ludwig Arndts' beziehen, der das ihm von mir vorgelegte Werk mit grossem Interesse durchlas, mit mir im Einzelnen durchsprach und, abgesehen von der Gelehrsamkeit des Autors sein selbstständiges, freies und häufig zutreffendes Urtheil auch den Quellen selbst gegenüber rühmend hervorhob. Eine Benützung vorjustinianischer Rechtsquellen ist nicht ersichtlich.

Was zunächst die Institutionen anbelangt, so haben sie unstreitig, wie bereits bemerkt, auf die ganze Anlage des Werkes einen bedeutenden Einfluss geübt. Die Behandlung des Stoffes nach dem Gesichtspunkte personae, res, actiones, die Reihenfolge der Titel, die grösstentheils wörtliche Aufnahme vieler Stellen setzt dies selbst ungeachtet der angestrebten Selbstständigkeit der Darstellung und der Freiheit derselben von der Legalordnung, und obwohl nirgends eine ausdrückliche Berufung auf dieses Rechtsbuch vorkommt, ausser Zweifel. Am reichlichsten sind sie im zweiten Buche benützt.

Ebenso lässt sich auch ohne Berufung eine häufige und fleissige Benützung der Pandekten nachweisen. Abgesehen von den häufig vorkommenden Ausdrücken: secundum leges, ut dicit lex, die sich zunächst auf die Digesten beziehen, und von Stellen, die nur aus diesen entnommen sein können, findet sich auch an einer Stelle eine ausdrückliche Beziehung, und zwar II, 34 de praescriptione auf 5. De diversis temp. praescr. D. 44, 3 mit den Worten: ut dicitur ff de diversis praescript. vel an vitium.

So findet sich auch einmal eine ausdrückliche Berufung auf eine Stelle des Codex, der dem Verfasser — ob auch in den letzten drei Büchern, ist zweifelhaft — ganz gewiss vorlag. II, 74: *Item lex illa rubri et nigri tituli codicis* prohibet etiam fidejussorem dari pro dote restituenda in eventum restituendae dotis, unde, licet quidam faciant hujusmodi fidejussorem renunciare, rubro et nigro titulo codicis, ne fidejussores vel mandatores dotium dentur, ipsa tamen renunciatio non valet, quia talem fidejussorem dari prohibetur ex lege, et id, quod fit contra legem, pro non facto debet haberi. Es ist hier L. 1 C. Ne fidej. vel mand. dot. dentur 5, 20 gemeint.

Was die Novellen betrifft, so beruft sich der Autor an zwei Stellen auf Authenticae. II, 41: Dotem potest repetere omnis, qui dat dotem, quia dicitur in authentica: qui nihil dat, nihil recipit und in III, 17 de transactione: De criminibus, quae sanguinis poenam non irrogant, transactio fieri non potest, sed gratuita pactio seu remissio *secundum antiquum jus. In autentica autem id est novo jure* hoc videtur correctum et maxime in marito (das wirt geschen gestrafft, deutsche Uebers.). Wenn nun gleich die blosse Bezeichnung der ersteren Stelle (Authent. ne mulieres secundo nubentes §. fin. [Nov. 2. c. 5]) als Authentica kein sicheres Urtheil darüber gestattet, ob der Verfasser sie dem Authenticum oder nur aus den Authentiken des Codex entnommen habe, so scheint die vollständige Bologneser Novellensammlung, die uns unter dem Namen Authenticum bekannt ist, bei der zweiten Stelle (Authent. Ut liceat ad legem Juliam C. [9. 9. Nov. 117, c. 15]) benützt zu sein. Ausserdem wird öfters dem *jus antiquum* das *jus novum* entgegengesetzt. Die Successionsordnung ist abweichend von den Institutionen 3, 9 in II, 71 nach der Novelle 118 (II, 65 nennt sie das jus imperiale), und die Enterbungsgründe sind nach Nov. 115, c. 3 in II, 57 dargestellt.

II. Die kanonischen Rechtsquellen.

Auf das Decretum Gratiani findet sich an einer Stelle, III, 17, eine ausdrückliche Beziehung. Species divinationis multae sunt, quae enumerantur XXVI, q. III (Canon. De multiplici genere divinationis c. 26, q. 3).

Dass auch die Decretalen Gregors IX. benützt sind, lässt sich aus vielen Stellen nachweisen, beispielsweise aus II, 63 über die Intestaterbfolge nach einem Kleriker, wo Stellen aus C. 7. 9. X (III, 26) wörtlich, jedoch ohne ausdrückliche Hinweisung auf sie angeführt werden.

Auch der liber sextus ist in einer Stelle, I, 29, offenbar benützt, die mit einer Constitution des Papstes Bonifacius VIII. vom Jahre 1298 Cap. un. de voto et voti redemptione in 6to (III, 15) wörtlich übereinstimmt. Dieses Caput 29, l. 1, ist wörtlich der Summa Johannis Andreae de matrimonio entnommen. Jedoch darf ich nicht unerwähnt lassen, dass unser Autor von einem votum solemnne nur im Falle einer ausdrücklichen Profession spricht, während sowohl die constitutio als auch die Vorlage, der er folgt, nicht blos die professio expressa, sondern auch die tacita erwähnen. Diese Auslassung, die in allen Handschriften ersichtlich ist, scheint nicht ohne Absicht zu sein.

Von einer Benützung der Clementinen vermochte ich keine Spuren zu entdecken.

III. Die Schriften der Glossatoren und der italienischen Juristen.

Das Verhältniss eines Autors zur Literatur seiner Zeit, die Untersuchung des literarischen Apparates, den er benützte, gehört zu den interessantesten Aufgaben der kritischen Forschung. Dass dieses Werk sich an die Schriften der Glossatoren und an die Literatur der Bologneser Schule anlehnt, darüber kann nach Inhalt, Form und Methode kein Zweifel obwalten. Schwieriger war es jedoch die speciellen Quellen zu eruiren, aus denen der Autor schöpfte, und über seine Art und Weise der Benützung der Vorlagen ins Klare zu kommen. Abgesehen von der früher nachgewiesenen selbstständigen Benützung der römischen und kanonischen Rechtsquellen sind es

Schriften von Decretisten, die er vorzugsweise benützt hat, namentlich die Hostiensis und Johannes Andreae, während verhältnissmässig nur kleine Materien denen der Legisten entnommen sind. Das Werk ist wie jede geistige Arbeit das Product ihrer Zeit. Während aber der Schriftsteller heutzutage bemüht ist seine Plagiate sorgfältig zu verhüllen, oder wohl auch ehrlich seine Quelle nennt, sah die Literatur jener Zeit nichts Unanständiges darin ganze Stücke anderwärts wörtlich zu entlehnen, oder sich Theile aus anderen Werken ohne Angabe der Quelle anzueignen. Dieselben Definitionen, dieselben Beispiele, dieselbe Reihenfolge der aufgeworfenen Fragen kehren mit denselben Worten immer wieder. Originalität der Auffassung oder Selbstständigkeit der Behandlung sind nur höchst ausnahmsweise zu finden. Auch in dieser Beziehung steht unser Autor unter dem Einflusse seiner Zeit, so wenig es sich andererseits verkennen lässt, dass uns nicht selten ein freies Urtheil und eine unabhängige Auffassung wohlthuend entgegentritt.

Die c. 26—31 des I. Buches sind nichts Anderes als eine mit Ausnahme einiger unbedeutender Varianten wörtlich übereinstimmende Reproduction der Summa de sponsalibus et matrimoniis des Johannes Andreae super quarto libro decretalium, und so ist auch das c. 70 desselben Buches eine wörtliche Wiedergabe der Schrift desselben Johannis Andreae: lectura vel summa super arboribus consanguinitatis. Johannes Andreae (vgl. über ihn Savigny VI, 98—125; Stintzing a. a. O. 151—186), geboren nach 1270, lehrte zu Bologna, starb 1348 an der Pest. (Zur Vergleichung benützte ich bezüglich der ersteren Schrift den Nürnberger Druck von Hieronymus Höltzel vom Jahre 1507, 15. Mai, für die zweite den des Fridericus Creuszner de Nurimbergo vom Jahre 1477.) Hiernach ist die in allen Handschriften in diesem Capitel öfter vorkommende Abkürzung P. durch Petrucius aufzulösen, dem Namen des Pedells zu Bologna, mit dem sich bekanntlich Johann Andreae den Scherz machte die cella vacua auszufüllen. Dieses kleine, in zahlreichen Abschriften in Deutschland verbreitete Schriftchen war es vorzüglich, das der Annahme der römischen Computationsweise der Verwandtennähe nach Graden gegenüber der deutschen Zählung nach Sippen den grössten Vorschub daselbst geleistet hat. Diese zwei Schriften hat nun unser

Verfasser seinem Werke wörtlich einverleibt, ohne jedoch die Quelle zu nennen.

Den c. 73 und 74 des II. Buches de exceptionibus et beneficiis juris hat offenbar eine kleine Schrift des Jacobus Butrigarius, Professors des römischen Rechtes zu Bologna, eines Schülers des Bartolus, der nach Stintzing (S. 12) 1343 starb, als unmittelbare Vorlage gedient, die in dem grossen, zu Venedig 1547 gedruckten Sammelwerke Tractatus tractatuum im T. XVI, S. 150 u. f. unter der Ueberschrift aufgenommen ist: Tractatus singularissimus renunciationem juris civilis eximii legum professoris B. Jaco. Butrigarii Bononiensis, doctoris maximi nominis ac Bartoli ipsius discipuli. Die wörtliche Anlehnung ist im Ganzen zweifellos. Doch finden sich hie und da einige Erweiterungen.

In einem grossen Theile des Werkes, namentlich im II., noch mehr im III. Buche de obligationibus tritt uns eine offenbare, theilweise bis ins Wörtliche gehende Uebereinstimmung mit den Werken des Azo entgegen (ich benützte zur Vergleichung die Folioausgabe zu Venedig vom Jahre 1572), und zwar nicht so sehr mit seiner Summa ad Institutiones als mit seinem weitläufigen berühmten Commentar zum Codex, so dass es beinahe als ein Auszug desselben bezeichnet werden könnte. Allerdings fehlt der gelehrte Apparat von Citationen, die weitläufige Besprechung der zahlreichen von ihm behandelten Controversen. Dagegen ist die Form der Behandlung der einzelnen Materien dieselbe. Dieselben Fragen in derselben Reihenfolge, die in jeder Rubrik der Behandlung vorangestellt werden, die Definitionen, die etymologischen Ableitungen, die hie und da citirten Gedächtnissverse stimmen wörtlich überein.

Und doch lässt sich nicht annehmen, dass Azo von unserem Autor unmittelbar benützt worden sei. Die Doctrin des Azo pflanzte sich in der Bologneser Schule bei seinen Schülern unverändert fort. ‚Die Vergleichung der Schriften der Glossatoren gibt uns — wie Fitting, Jur. Schr. des MA., S. 107 sagt — die beste Anschauung des mittelalterlichen Verfahrens und der merkwürdigen, diesem Zeitalter eigenen Beharrlichkeit und Stetigkeit der Ueberlieferung. Nichts darf man in der That bei den mittelalterlichen Schriftstellern weniger suchen als Originalität, vielmehr kehren die

Gedanken und grösstentheils sogar die Worte der früheren bei allen späteren gleichförmig wieder. Nur tritt im Laufe der Zeit zu dem alten mehr und mehr neues Materiale hinzu, so dass die Darstellungen lawinenartig anschwellen und immer weitläufiger, ermüdender und geschmackloser werden. So wie Azo an Placentinus, so schliessen sich seine Schüler enge an ihn an, spinnen die von ihm angeregten Fragen weiter aus, erweitern und verbreitern das von ihm behandelte Materiale. Während Azo beispielsweise (Summa in IV. l. Cod. S. 331) nur eine dreifache fraus legi facta unterscheidet: de re ad rem, de contractu ad contractum, de persona ad personam, kennt unsere Summa III, 10 noch zwei weitere Unterscheidungen: de nomine ad nomen, de facto ad factum. Während Jener (in II. l. Cod., S. 62) pactum bloss a pace et actu, quasi pacis actus etymologisch ableitet, fügt unsere Summa hinzu: Vel dicitur pactum a palmarum id est manuum percussione, quia consentientes et paciscentes palmas sibi solent percutere u. s. w.

Die Annahme, dass Azo in unserer Schrift nicht unmittelbar benützt worden sei, wird zur Gewissheit erhoben, wenn wir sie mit der *Summa Hostiensis* in quinque libros decretalium des Heinrich von Susa, Erzbischof von Embrun (dominus Ebredinensis, qui postmodum fuit cardinalis *Hostiensis*), des berühmten Schülers des Azo und Lehrer des Durantis vergleichen. Er starb um das Jahr 1281.

Dass die Hostiensis unserem Autor vorgelegen habe und von ihm unmittelbar benützt worden sei, lässt sich aus der Vergleichung (ich benützte hiezu die Ausgabe vom 18. Februar 1479 ohne Angabe des Druckortes) mit Bestimmtheit behaupten; indessen ist es zweifelhaft, ob er die Kenntniss dieser Schrift nicht den Vorlesungen eines seiner Schüler verdankte, die er während seines Studiums zu Bologna besuchte. Für den grössten Theil des Werkes lässt sich die Summa Hostiensis als die unmittelbar benutzte Quelle bezeichnen. Er verdankt daher seine Kenntniss des römischen Rechtes vorzugsweise der Schrift eines Decretisten. Die Benützung stellt sich als eine Art Auszug dar, während der Gang der Darstellung und der Inhalt grösstentheils wörtlich übereinstimmen.

Man vergleiche gleich im I. Buche unserer Summa das c. 15 de privilegiis scriptis mit der Hostiensis l. V, S. 72, im

II. Buche die c. 30—42, ferner das in den c. 43—70 entwickelte Erbrecht mit dem IV. Buche Hostiensis S. 89, 50, 53, dann das Obligationen- und Strafrecht des III. Buches mit dem III. und V. Buche der Hostiensis. Selbst die vier letzten Capitel des III. Buches der Summa, die den deutschen Rechtsgang grösstentheils mit wörtlicher Anschliessung an Stellen des Wiener-Neustädter Stadtrechtes darstellen, verquicken die Darstellung der Hostiensis im V. Buche in den Rubriken de purgatione vulgari S. 80, de poenis S. 85, dann im II. Buche de muletis S. 94 mit nachweisbar aus diesem Stadtrecht und anderen deutschen Rechtsquellen entnommenen Sätzen.

IV. Deutsche und einheimische Rechtsquellen.

Das Hauptinteresse der Schrift liegt wohl weniger in ihrem römisch-rechtlichen Inhalte als in dem offenbaren Streben des Verfassers die Sätze des römischen Rechtes in das wirkliche Leben einzuführen, und mit den praktischen Anschauungen seiner Zeit, und seiner Heimat in Einklang zu bringen. In diesem Streben trifft er mit jenem der sogenannten Concordanzliteratur des XIV. Jahrhunderts zusammen, doch ist die Grundlage, von der er ausgeht, und somit auch die Form seiner Darstellung eine ganz verschiedene. Während Johann von Buch und seine Nachfolger den Sachsenspiegel und die sächsischen Rechtsbücher zur Grundlage nehmen und die Sätze des römischen Rechtes äusserlich in Gestalt von Glossen neben jene des deutschen Rechtes stellen, sich formell an den Gang jener anschliessen, zum Theil mit dem ausgesprochenen Zwecke, ihnen auch vor den geistlichen Gerichten praktische Geltung zu verschaffen, ist unserm Autor das römische Recht als Kaiserrecht vorzugsweise die lex scripta, neben dem dem einheimischen Rechte als bona consuetudo nur eine ergänzende oder erklärende, jedenfalls nur eine locale Wirkung zukommt. (Vgl. 1. 14.) Deshalb stellt er das Recht im Anschluss an die römischen Rechtsquellen systematisch dar und behandelt das einheimische Recht blos unter dem Gesichtspunkte des Gewohnheitsrechtes, das nur dann den Anspruch auf Geltung hat, wenn es eine consuetudo bona oder laudabilis ist. Während sich daher jene Schriftsteller meistens darauf beschränken, die Sätze des fremden Rechtes unvermittelt und mechanisch neben jene des einheimischen zu stellen, ohne häufig auch nur den Versuch zu machen anscheinend widersprechende innerlich mit einander zu verschmelzen und auszugleichen, geht unser Autor in der Verarbeitung beider Rechte viel tiefer zu Werke als die Glossatoren des Sachsenspiegels.

Hier ein Beispiel davon. In II. c. 33 de usucapione et praescriptione wirft er sich die Frage auf: Sed quid ego emo a sartore tunicam ad suendum sibi datam vel calceum a calcifice vel a rasore pannorum pannum ad radendum sibi datum vel a famulo alicujus domini merces sibi commissas et sic de aliis, numquid usucapio eas? Darauf antwortet er: quod sic. Durch die Berufung auf 5 de diversis temp. praeser. ff. 44, 3 sucht er nun den bekannten deutschrechtlichen Satz von der Ausschliessung der Vindicationsklage bei beweglichen Sachen, die mit Willen des Besitzers aus seiner Hand gekommen sind, gegen den dritten redlichen Besitzer, der seinen Ausdruck in den bekannten Rechtsparömien: ‚Hand muss Hand wahren‘, ‚Trau, schau wem‘ oder ‚Wo ich meinen Glauben verloren habe, da muss ich ihn suchen‘, erhalten hat, zu rechtfertigen, indem er ihn unter den Gesichtspunkt der Praescription stellt, dabei aber das Erforderniss der vom Gesetze vorgeschriebenen Zeit fallen lässt: ‚etiam si non habuero ea tempore a lege definito.‘ Imputent igitur sibi ipsis, quod infidelibus hominibus bona sua committunt, poterunt tamen veri domini ab illis infidelibus bona sua postulare. Vergleiche zu diesem Satze Ssp. II. 60. §. 1. Dsp. 176 und §. 367 ö. a. b. G.-B.[1] Unter dem Einflusse derselben Anschauung steht auch die Entscheidung des Autors in der bekannten römischrechtlichen Controverse über die Erwerbung des Eigenthums an einer fremden Materie durch Specification II. 12. Nachdem er einige Meinungen, unter anderen auch die bekannte Justinianische Entscheidung angeführt, fährt er fort: Ad hanc

---

[1] A. b. G.-B. §. 367. Die Eigenthumsklage findet gegen den redlichen Besitzer einer beweglichen Sache nicht statt, wenn er beweiset, dass er diese Sache entweder in einer öffentlichen Versteigerung, oder von einem zu diesem Verkehre befugten Gewerbsmanne, oder gegen Entgeld von jemanden an sich gebracht hat, dem sie der Kläger selbst zum Gebrauche, zur Verwahrung, oder in was immer für einer Absicht anvertrauet hatte.

questionem *ego* dico, salvo judicio meliorum, quod si faciens emit illam materiam alienam bona fide et credidit eam esse illius, a quo emit, et postea introduxit formam vel speciem, tunc totum compositum ejus erit, *mala enim fides vendentis non potest nocere bona fide ementi*, was er durch einige Beispiele illustrirt. Ebenso entscheidet er, wenn die Verarbeitung aus einer fremden Materie nur eine theilweise war, und in II, c. 13 bezüglich der Acquisition des Eigenthums per intinctionem vel colorationem: Vel tinxit scienter etc. Wie jedoch der Autor jenen Satz: Mala enim fides vendentis etc. damit in Uebereinstimmung zu bringen vermag, dass er an einer anderen Stelle auf Grund des römischen Rechtes und im Einklange mit dem Schsp. c. 57 sagt: Res furtiva nunquam usucapi potest, weil ihr das vitium furti anhaftet, qui enim alienam rem vendiderit vel obligaverit vel donaverit alteri scienter, furtum ejus committit, müssen wir ihm selbst überlassen. Freilich fügt er hinzu: Sed illud alias aliter se habet ut patebit. Nach III, 47 reinigt sich übrigens der Beklagte vom Verdachte des Diebstahls einer öffentlich gekauften Sache durch seinen Eineid. Si res furtiva apud aliquem comprehenditur, et ille dicit, se istam rem in publico foro et claro die emisse, nescit tamen a quo, et *si judex non vult credere*, tunc solo solius juramento se expurget et sit liber. Ganz im Einklang mit dem Ssp. II, 36, §. 4, ferner dem Schsp. c. 317 und insbesondere dem Wiener W. B. R. a. 78 Chauft ein piderman unwizzund auf freiem markt ein rok oder ein mantel oder welcherlai daz ist, daz verstolen wirt, und wirt darnach in seiner gewalt vervangen etc. *Ist aber daz der richter des nit gelauben will*, daz der antworter den rok oder den mandel redleichen und recht *pei schönem tag auf freiem markt* fur raines guet gekhauft hab, daz sol er besteten *pei seinem aide und sei auch ledig*.

Ich muss mich bei der Anführung von Parallelstellen aus deutschen Rechtsquellen mit Stellen der Summa nur auf Weniges beschränken, soweit es eben zu ihrer Charakterisirung nothwendig ist. Oft ist die Uebereinstimmung nicht nur im Inhalte, sondern auch im wörtlichen Ausdrucke geradezu eine überraschende. Es wäre jedoch meiner Ansicht nach voreilig, aus dieser Uebereinstimmung, so auffallend sie auch sein mag, den Schluss auf einen äusseren Zusammenhang, ja selbst nur auf eine nähere Bekanntschaft unseres Autors mit der betreffenden Rechtsaufzeichnung selbst, z. B. den deutschen Rechtsbüchern des XIII. Jahrhunderts, dem Wiener Weichbildrecht oder den steirischen Rechtsquellen u. s. w. zu ziehen. Es genügt vollkommen zur Erklärung, dass diese Grundsätze in der wirklichen Rechtspflege allgemein verbreitet waren, und die gleichen Rechtsanschauungen oft von selbst auch äusserlich einen gleichen Ausdruck fanden.

In I, 32 — 41 wird die Lehre von der Tutel zwar in Uebereinstimmung mit dem römischen Recht dargestellt, und vom tutor (deutsche Uebers. ‚pfleger') der curator (gerhaber) unterschieden: Curator est, qui personam pupilli tantum respicit disciplinis et bonis moribus eum erudiens. Jedoch hinzugefügt: Est tamen sciendum, quod unus et idem potest esse tutor et curator videlicet, cui committitur pupillus cum rebus et persona, et *sic in civitatibus observatur.*

I, 34 Dativi sunt, qui dantur a consulibus vel a praetore.

I, 36 *Omnes* tutores tenentur facere rationem de tutela ipsis commissa, nisi aliter *per literas commissionis* fuerit decretum et statutum. Der städtische Rath ist Obervormundschaftsbehörde, er bestellt die Vormünder für Witwen und Waisen. I. 62.

Nach I, 44 sind Frauen mit Ausnahme der Handelsfrauen (Vgl. W. W. R. a. 13) ausser dem Falle der echten Noth handlungsunfähig und stehen unter der Gewalt ihres Mannes oder Vormundes. Doch dürfen die Witwen und die Jungfrauen nach dem achtzehnten Jahre (W. W. R. a. 14 nach dem zwölften) cum *corpore* facere quidquid volunt scilicet matrimonium contrahere, religionem intrare et similiter (W. W. R. cheusche oder chauschaft einem manne geloben). Possunt etiam meretricari cum corpore suo, et ex hoc non perdunt res suas sed tantum honorem. (Vgl. damit Ssp. 1. 5, §. 2 Wif mach mit unkuschheit irs lives wifliken ere krenken: ire recht ne verlüst se dar mede nicht noch ir erve. Vgl. auch Zeitschrift für Rechtsgeschichte 7. Schröder S. 35, 139.) In 57 und 58 II werden die 14 Enterbungsursachen der Descendenten nach der Novelle 115, c. 3 in Uebereinstimmung mit dem Schsp. c. 15 und dem W. W. R. a. 118, jedoch in freier Weise und abweichender Reihenfolge vorgetragen, und als die letzte angeführt Exheredatur similiter filia, quando degenerat scilicet, quum ante *vicesimum* (quartum Handschr. 1) annum meretricatur; si vero post, tunc bene perdit honorem sed non hereditatem: si autem post octavum decimum annum ducit legitimum virum sine voluntate parentum, tunc nec perdet res nec honorem. Si autem post duodecimum annum sine voluntate parentum contrahit matrimonium, tunc demeretur paternas res sed non honorem. (Schsp. 15 Daz vierzehende ist, ob ein tohter vngeraten wirt, daz si man zu ir leit, ane ir vater willen, di wile si *ruder fivnf vnd zweinzic* iarn ist. Kvmt si vber fvnf vnd zweinzek iar, so mac si ir ere wol verliesen, aber ir erbe kan [sie] niemer verliesen. W. W. R. a. 118. Das vierzehent ist, ob ein tochter ein man zu ir leit über irs vater willen. Swenn si chumbt über *zwainzig* jar und tut dez auf unstet, damit verleuset si ir er, awer nicht ir erib, daz ist daz, do mit man ir hinder zwanzig jaren scholt geholfen haben.)

II, 1 heisst es: Nullus civis ante domum suam quidquid juris habet nisi unum passum pedis cum dimidio, super quem *stillicidia* sua cadunt de tecto. Vergleiche damit Ofner Stadtrecht (a. 321): Eyn yderman hat nichtes meher recht von seynem grunt, want, steinen oder holczen haüsz, denn *eynes fuess lang und eynes halben prait* nach der solen zu messen. Kovachich, Cod. auth. jur. tavernicalis. Budae c. 41 juxta morem civitatis Budensis . . . vestigium unius pedis cum dimidio vestigio. Anderthalb Schuh war das gewöhnliche Mass des Tropfenfalls und Tropfenfallsrechtes, seltener dritthalb Fuss. Siehe Grimm, R. A. pag. 549.

II, 28 wird ferner die Breite des Weges so angegeben Et nota, quod *via* in strictiore parte debet habere octo pedes, in latiore *sedecim; iter* debet habere quatuor pedes, *limes* duos pedes. (So heisst es auch im Schsp. c. 181: Ein iegeliche wagen straze sol *sehzehen* schühe wit sein, daz ein wagen dem andren entwichen müge.) Bezüglich des Ausweichens heisst es weiter Nota secundo, quod vadens debet pedes cedere de via equitanti, equitans currui pergenti, vacuus currus onerato, oneratus currus de alto pergens debet cedere currui onerato ascendenti. Ganz übereinstimmend mit dem Ssp. II, 59, 3: Die idele wagen sal rumen deme geladenen, unde die min geladene deme sverren: die ridene wike deme wagene, die gande deme ridene.

II, 6 werden unter den zahmen Hausthieren neben den gallinae, anseres auch die *autae* (sic) domesticae angeführt. So auch im Schsp. c. 242 *ende enten*. Die Institutionen 1G. J. 2. 1 sprechen bloss von Hühnern und Gänsen: *Gallinarum et anserum non est fera natura*.

Das in II, c. 37—43 entwickelte eheliche Güterrecht schliesst sich zwar äusserlich an das römische Dotalrecht an, wie es namentlich in der Hostiensis vorgetragen wird, ist jedoch in Wirklichkeit nur eine romanisirende Darstellung deutscher Güterrechtssysteme mit Anschluss an die römische Terminologie und bei dem nicht allzugrossen Reichthum der Bestimmungen der deutschen Rechtsquellen in diesem Gebiete sehr lehrreich. Es werden hier verschiedene eheliche Güterordnungen als Gewohnheiten, die an verschiedenen Orten gelten, angeführt.

In gleicher Weise ist das in den c. 44—73 II dargestellte Erbrecht, obwohl die Summa bemüht ist den römischen Grundsätzen Eingang zu verschaffen, überall von deutschrechtlichen Anschauungen und Gewohnheiten durchdrungen. Auf einige Einzelnheiten werden wir in der Folge noch zurückkommen.

In dem Obligationenrechte des III. Buches c. 1—29 hält sich zwar der Autor am treuesten an sein Vorbild, die Hostiensis. Indessen sind die Unterschiede zwischen pacta und contractus grösstentheils verwischt. Omne pactum, sagt er c. 15, quod non vergit in animae salutem nec in dampnum alterius, semper est servandum, quod nihil melius quoad Deum et ad mundum quam justum promissum servare. (Vgl. übrigens damit den Ausspruch Ulpian's L. 1, pr. D. de pactis 2. 14) Pactum et promissum (sein Ausdruck für Stipulation) quasi idem sunt in omnibus etc. Jedoch finden sich namentlich bei den Verträgen des gewöhnlichen Lebensverkehrs viele deutschrechtliche, namentlich mit dem W.W. R. übereinstimmende Sätze verarbeitet. In c. 7 bezeichnet er die zu Venedig herrschende Sitte das ganze Vermögen des insolventen Schuldners unter die Gläubiger nach Massstab ihrer Forderungen ohne Rücksicht auf ihre Priorität gleichmässig zu vertheilen, ausdrücklich als eine gute; übrigens seien im Gantverfahren die in jedem Rechtsgebiete (provincia) geltenden Gewohnheiten zu beachten. Im c. 6 de pignore werden drei Arten von Pfändern unterschieden: 1. solche, die sich selbst bewegen, ut omnia animalia edentia (essende Pfänder), 2. die von anderen bewegt werden, z. B. Wein, Oel, Getreide, 3. unbewegliche. Erstere müssen drei

Tage lang, die zweiten durch vierzehn Tage, die letzten sechs Wochen verwahrt und dann cum bona conscientia ‚mit Gewissen‘, also öffentlich verkauft werden. Die Hyperocha bekommt der Schuldner, der auch für den Abgang haftet. Vor dem Verkaufe muss jedoch immer das Pfand durch den Boten des Richters dem Schuldner zur Einlösung angeboten werden. Dieses Verfahren stimmt ganz genau mit dem W. W. R. a. 138 und rücksichtlich der beweglichen Sachen a. 141. Vergleiche auch a. 38.

III, 19 beim Kaufe die Bestimmungen über die arrha, insbesondere als arrha confirmatoria die Hingabe eines denarius (Gottespfennig) secundum consuetudinem *nostre civitatis* (vgl. a. 61 W. W. R.), die Haftung des Verkäufers für das periculum vor der Tradition (vgl. a. 62 W. W. R.).

III, 21 beim Pacht und der Miethe das aussergerichtliche Pfändungsrecht des Vermiethers an dem inquilinus wegen fälligen Hofzinses (vgl. a. 38 W. W. R.); die Expulsionsfälle des Miethers (vgl. a. 41 und 42 W. W. R.), die Fälle, wo dieser das Recht hat, das Haus zu verlassen (vgl. a. 39 W. W. R.). Die Zahlungsfristen des Zinses dreimal im Jahre (vgl. Tractatus Henrici de Hassia [Langenstein]. Coloniae 1484, p. CCXLI).

III, 22 wird das jus emphyteoticum besprochen. Die Handschrift I hat den Zusatz: id est erbezins. Die hier entwickelten Grundsätze über die Rechte des Grundherrn (dominus fundi) und des Emphyteuten entsprechen genau denen in den zahlreichen österreichischen Urkunden über das Burgrecht (Erblehen). Dominus possidet emphyteosim civiliter in animo, emphyteota naturaliter i. e. in corpore. Unterwindungsrecht des Grundherrn wegen durch zwei Jahre versessenen Grundzinses (drei Jahre nach dem Brünner Schöffenspruch 117 bei Rössler).

In der Behandlung der Delictsobligationen ex maleficio und ex quasimaleficio, somit des materiellen Strafrechtes c. 29 ff. finden sich viele deutschrechtliche Sätze verarbeitet, obwohl auch hier die Hostiensis die Grundlage der ganzen Behandlung bildet. Insbesondere bieten das W. N. Str., das W. W. R. und das St. L. R. viele Parallelstellen. Einige dieser Stellen mögen hier Platz finden. Die Summa legt ein grosses Gewicht darauf, ob der Verbrecher ‚bei handhafter that‘ mit der ‚hanthaft‘ cum evidenti intersigno, quod in vulgari vocatur *hanthaft* ergriffen wurde. So hat ein Todtschläger dann keine Freiung, non gaudet *asylo* id est loco refugii III, 38, selbst dann nicht, wenn es sich um einen Todtschlag ex abrupto id est sine deliberatione, ex ira, ex contentione, ex vituperio et ex similibus handelt, gleich einem vorsetzlichen Todtschläger oder Mörder. Zum Morde zählt der Autor Verwandtenmord, den Mord an einem Schlafenden, den Mord ohne vorausgegangene Diffidation und endlich wegen Gutes ut faciunt latrones, spoliatores et consimiles. Haec omnia homicidia *latrocinia id est mord* vocantur, et hii omnes nullum habent asylum. So sagt auch das St. L. R. a. 195 Wer auf ain *vreiung* chumpt in feintschaft *rmb erber sach*, der hat pilleich vreiung. Desshalb hat nach a. 230 Dhain *dewp* nyndert freyung. Den Begriff des Mordes stellt a. 237 (übereinstimmend mit Schsp. c. 174) auf: Der ain totslecht auf lawgen *rmb sein gût oder durich neyd*, daz haisset mord. Beim Mord und beim Todtschlag ist nach a. 238 das blutige Gewand die Handhaft. In vielen Artikeln spricht es von der Handhaft beim Diebstahl. Der Dieb hat nach a. 217 die Handhaft auf den Hals gebunden, und ebenso der Brandstifter a. 239 auf den Hals oder den Rücken. So sagt auch die Summa III, 28 debet sibi poni supra collum et sic judici praesentari. Vergleiche auch die a. 215, 224, 229. In III, 29 sagt die Summa: Poena furti in actione criminali non semper est *occisio*, sed aliquando fustigatio, cum virgis caesio, aliquando *per dentes crematio*, aliquando *aurium abscissio*, in fronte signatio cum ferro ignito vel similia secundum arbitrium judicis et furti quantitatem et qualitatem. Uebereinstimmend damit das St. L. R. a. 230 Ist die dewf gros, so get es dem menschen an sein leben, ist sie aber chlain, so get sie dem menschen an sein leib ain tail. Und a. 232 Ist die dieff so chlain, daz der mensch sein leben damit nit verwarcht hat, daz man *im ain or sol absneyden*, oder *durch die zend prennen*, oder pey dem *schrayat* auzlachen . . . (Ueber die „Schreiat" vgl. auch W. N. Str. c. 21.) c. III, 27 lässt denjenigen, durch dessen Unvorsichtigkeit ein Feuer entstanden ist, das über das Dach hinausgeht, eine Strafe von 1 Pfund dem Richter wetten, ebenso auch das W. N. Str.: — quod ignis veniat super tectum. c. 59. Nach a. 224 des St. L. R. ist die Strafe des Strassenräubers der Tod. Ebenso auch III, 31 suspendium vel alio modo.

Die drei letzten Capitel der Summa 47, 48, 49 enthalten die Darstellung des Rechtsganges ganz nach deutschrechtlichen Grundsätzen, doch immer noch im engen Anschluss an die Hostiensis. Viele Sätze bezüglich der Reinigung und Ueberführung stimmen ganz genau mit jenen der verschiedenen Wiener Stadtrechte, insbesondere aber mit jenen des W. N. Str. in der uns erhaltenen Form überein. Während wir aber bei den zur Vergleichung benützten Rechtsquellen, namentlich dem Ssp., dem Schsp., dem W. W. R. und dem St. L. R., ungeachtet ihrer Aehnlichkeit im Inhalte und sogar zuweilen mehr oder weniger im wörtlichen Ausdruck keinen äusseren Zusammenhang anzunehmen berechtigt sind, ist die Anlehnung an den wörtlichen Ausdruck vieler Sätze des Wiener-Neustädter Stadtrechts selbst in Nebensachen eine so genaue, dass hier der äussere Zusammenhang mit dieser Rechtsquelle ausser Zweifel steht. Dies gibt uns zugleich einen wichtigen, nicht zu verkennenden Anhaltspunkt für die Bestimmung des ursprünglichen Entstehungsortes der Schrift.

Heimat und Entstehungsort des Werkes.

Obwohl sich das Werk in der äusseren Form und seinem den fremden Rechten entnommenen Inhalte enge an die Werke der italienischen Juristen, der Glossatoren und Postglossatoren anschliesst, so kann es doch keinem Zweifel unterliegen, dass es von einem Deutschen in Deutschland geschrieben worden sei. Nur ein Deutscher konnte eine so genaue Kenntniss des deutschen Rechtes besitzen und es in so verständiger Weise mit dem römischen Rechte verarbeiten. Dies beweist ferner die Aufnahme deutscher Wörter in den Text, wie sie hie und da vorkommen, z. B. III, 47 Si quis cum *hanthaft* comprehenditur, „*ane hanthaft*", II, 6 der Ausdruck *anta* für Ente, I, 28 ita, quod sit expers juris. *rechtloz et ereloz*, III, 22 jus emphyteoticum i. e. *erbezins*, III, 33 stipendiarius: *Soldner*, miles.

Ausserdem weist die Verbreitung der Handschriften, die auffallende Uebereinstimmung vieler Sätze mit denen österreichischer Rechtsaufzeichnungen auf Oesterreich als Heimat hin, d. h. auf eines jener Länder, die später unter dem Namen

‚innerösterreichische Länder' begriffen wurden, insbesondere auf Nieder-Oesterreich oder Steiermark. Ausserdem finden sich Sätze aufgenommen, die diesen Ländern specifisch eigenthümlich sind und uns in den Quellen ausdrücklich als österreichisches Landesrecht oder Landesbrauch bezeichnet werden. Hier einige Beispiele davon.

1. Es ist eine Eigenthümlichkeit der deutsch-österreichischen Länder, dass daselbst die Ascendenten von der Erbfolge gänzlich ausgeschlossen waren, die sich zähe gegen das römische Recht bis in das XVIII. Jahrhundert erhielt. Der Grundsatz ‚die Erbschaft fällt immer nach vorne' oder ‚die Erbschaft fällt nicht zurück' wurde hier mit einer solchen Strenge aufgefasst, dass er selbst lange Zeit noch auf die Seitenverwandten wirkte. Die Ausschliessung des Schossfalles ist uns sowohl für Oberösterreich durch die Landtafel des XVI. Jahrhunderts, 5. Theil, Titel 7, für Niederösterreich durch Suttinger, Consuetudines Austriacae S. 180—182 (Ausgabe Nürnberg 1718), Tractatus, c. 7, 15, für Steiermark durch Nic. de Beckmann, Idea jur. stat. et consuet., Stiriaci 1688, f. 463, für Tirol durch Rapp, Abhandl. über das vaterl. Stat. R., B. V, S. 78 der Beiträge etc., und so auch für Vorarlberg bezeugt. (Siehe darüber die gründliche Untersuchung in Wasserschleben, Das Princip der Erbenfolge nach den älteren deutschen und verwandten Rechten, S. 33—55.) In den älteren österreichischen Rechtsquellen und Statuten ist nirgends von einem Erbrecht der Eltern die Rede, woraus sich schliessen lässt, dass die Ausschliessung der Ascendenten ein schon in der ältesten Zeit geltender Rechtssatz war (S. 37).

Nach der Lehre unseres Verfassers sind zuerst die Kinder nach Köpfen oder die Kindeskinder nach Stämmen, also die erste Sippe, dann die Geschwister (nicht die Eltern) und die Geschwisterkinder, diese nach Stämmen, somit die zweite Sippe, berufen. Dann fährt er II, 65 fort: fratribus et sororibus et descendentibus ab ipsis non exstantibus, tunc secundum *consuetudinem patriae* patruus (Vetter) vel amitta (Base), avunculus (Oheim) vel matertera (Muhme) in omnibus a defuncto relictis succedunt; istis vero non exstantibus tunc filii eorum vel nepotes et sic deinceps in loco parentum suorum succedunt, somit die dritte Sippe. Dass dieses Vaterland Oesterreich sei, kann nach dem Vorangehenden kein Zweifel sein, und so lässt sich denn aus dieser Stelle im Zusammenhang mit den in anderen Capiteln entwickelten Lehren die reine Linealordnung oder die deutsche Parentelordnung mit Ausschluss des Schossfalles als die in Oesterreich schon ursprünglich geltende Erbenfolge mit Sicherheit bezeichnen. Demnach schliesst 1. die nähere Parentel (Sippe) die entferntere aus, 2. das Repräsentationsrecht wird in seinem weitesten Umfange auch in der Seitenlinie anerkannt, oder mit anderen Worten der lebende Erbe schliesst zwar seine Linie aus eo vivente omnes ab eo descendentes in nullo succedunt, sonst ist aber innerhalb der Sippe die Gradesnähe ganz irrelevant und gibt keinen Vorzug.

Wenn daher Wasserschleben S. 37 gegen Chabert und Gengler sagt: Von einem Vorzuge einer näheren Parentel vor einer entfernteren ist nirgends eine Spur, sondern bei der Succession von Seitenverwandten entscheidet einfach die Gradesnähe, unter dem nächsten Erben, proximus heres, sei der dem Grade nach nächste zu verstehen, so scheint mir diese Stelle klar für das Gegentheil zu sprechen. Damit stimmt auch a. 91 das W. W. R. vollkommen überein, der sich eigentlich mit der Erbfolge der unehelichen Kinder beschäftigt: *das gehört alles ir nechst vrunt an untz an die funften sippe . . .* Wer aber, daz der man *so nachent freunt* ‚hiet die sein geswistreid oder seiner geswistreid chinder wärn, und daz die frau *so nachent* nicht *freunt* enhiet, so beleibt das chauf guet des mannes nachsten vreunten zu sampt seinem eribguet'. Das Erbrecht der Verwandten geht also bis zur fünften Sippe. Hier ist offenbar die Nähe der Parentel (Sippe) und nicht die des Grades gemeint. Von einem Erbrecht der Eltern ist auch hier keine Rede. Wie schwer es übrigens noch im XV. Jahrhundert dem Uebersetzer unserer Summa wurde, sich in die römische Computationsweise der Verwandtennähe nach Graden hineinzudenken, beweist, dass er für gradus kein anderes deutsches Wort zu wählen wusste als Sippe. Motivirt ja doch selbst der Verfasser der Summa das von ihm nach dem jus imperiale gelehrte gleiche Erbrecht der Eltern mit den Geschwistern des Verstorbenen damit, *quia aequali gradu sunt defuncto*.

Denn der in römischer Schule gebildete Summist ereifert sich gegen die vaterländische Sitte und setzt ihr das ‚kaiserliche

Recht' als das einzige in der Billigkeit gegründete entgegen, nach welchem die Eltern zu gleichen Theilen mit den Geschwistern erben ‚et merito'. Denn 1. sind sie alle in gleichem Grade mit dem Erblasser verwandt, 2. stammt in der Regel das Vermögen von den Eltern und 3. ist es Unrecht, non est consonum juri, dass die im weiteren Grade mit dem Erblasser verwandten Onkeln und Tanten den Eltern vorangehen, zumal da das Vermögen nicht von ihnen hergekommen ist. Deshalb brachte auch die Erbfolgeordnung Karls VI. vom Jahre 1720 in den österreichischen Staaten im Wesentlichen die Grundsätze des römischen Rechtes zur Geltung, bis durch das Erbfolgepatent Josefs II. vom 11. Mai 1786 die reine Linealordnung wieder eingeführt wurde, deren Bestimmungen auch in das a. b. Gb. vom 1. Juni 1811 übergegangen sind. Die Erbfolgeordnung unseres a. b. Gb. erweist sich daher als eine organische Fortbildung des uralten österreichischen Rechtes, wenn auch die Ausschliessung der Ascendenten von der Erbfolge aus guten Gründen fallen gelassen wurde. Wasserschleben hat daher wohl Unrecht, wenn er sagt: ‚Auch für das neuere österreichische System ist weder im älteren österreichischen noch im deutschen Recht irgend ein Anhalt nachweisbar.'

Vollbürtige Geschwister schliessen die halbbürtigen aus. Sind blos halbbürtige vorhanden, so gilt der Grundsatz: paterna paternis, materna maternis. II, 46. Auch das wird von Suttinger als österreichischer Landesbrauch bezeichnet (Urtheil vom Jahre 1626, dann S. 931, Tract. I, c. IX).

2. Nach der Lehre unseres Verfassers II, 67 hat die überlebende Ehegattin beim Abgang aller Erben an dem vom Manne erworbenen Vermögen nur eine Leibzucht (usum), proprietas autem fiscum (vgl. III, 48 Haec poenae *fisco* cedunt, *id est communitati*) exspectat, an der Errungenschaft hingegen steht ihr bei unbeerbter Ehe nicht nur eine Leibzucht, sondern das freie Verfügungsrecht zu. Die Gewohnheit, die ihr blos eine Leibzucht, nicht aber das Eigenthumsrecht an jener zuweist, scheint ihm absurd, weil Mann und Weib das Vermögen zusammen mit grosser Mühe erworben und während ihres Zusammenlebens ungetheilt mit einander besessen haben, daher dem Fiscus kein Recht daran gebührt. Bei beerbter Ehe hingegen entspreche es ganz der Billigkeit, dass sie an der Hälfte des

Vermögens das freie Verfügungsrecht habe, an der anderen Hälfte aber usque ad dies suos eine Leibzucht, während das Eigenthum an ihr den Erben zustehe.

Das österreichische eheliche Güterrecht ist nun in der That, wie Schroeder (Das eheliche Güterrecht, 2. Th., S. 206) nachweist, in Betreff der Errungenschaft zur Entwicklung wahrer Gütergemeinschaft vorgeschritten, und die Lehre unseres Verfassers wird nicht allein durch den a. 85 des W. W. R. bekräftigt, sondern auch urkundlich ausdrücklich als *Landes recht ze Oesterreich* bezeichnet. Siehe insbesondere eine Urkunde vom Jahre 1372 im Urkundenbuch des Schottenklosters Nr. 296 bezüglich des letzten Satzes.

So heisst es auch in II, 42 bezüglich der dos und der donatio: Si vero ista bona vir et uxor simul elaboraverunt, tunc media pars illarum rerum revertitur ad proximiores uxoris, et ad alteram medietatem succedunt proximiores mariti.

3. Wie das österreichische Recht überhaupt (vgl. Schroeder II, 93) nur eine einzige Gabe des Mannes an die Frau, die Morgengabe, kennt, wenn es gleich häufig die Widerlegung mit der Morgengabe zusammenfasst, so auch unser Verfasser nur eine donatio des Mannes an die Frau II, 37: Vir debet uxori suae dotem expedire. Quantum uxor donat viro, tantum vir *de jure communi* debet dare uxori, *et tertiam partem plus*, nisi pactis et conventionibus aliud statuatur. Und in der That übersteigt, wie uns häufig urkundlich bezeugt wird, die Widerlegung die dos landesüblich um ein Drittel (siehe z. B. Brünner Schöffenspruch 201 bei Rössler, wonach der Mann der Frau als Widerlage geben kann, was er will. Consuevit tamen frequenter maritus *in parte tertia plus* uxori pro dote promittere. Vgl. Ignaz von Ruber, Beiträge zur Geschichte des Vormundschaftsrechtes in Mähren, Brünn 1883, S. 113, Note 20), wobei dieses Drittel allerdings häufig nicht von der dos allein, sondern von der dos und donatio zusammen berechnet wird (siehe von Czyhlarz, Zur Geschichte des ehelichen Güterrechtes im böhm.-mähr. Landrecht, S. 43, Note 6. Wie uns Vssehrd, der bedeutendste Bearbeiter des böhmischen Landrechtes, berichtet, stand dieses dotalicium mit der Heimsteuer observanzmässig in dem Verhältniss, dass es bei einer Jungfrau die Heimsteuer um ein Dritttheil überstieg).

4. Die Summa spricht II, 50 den unehelichen Kindern *secundum consuetudinem patriae* das Erbrecht ab, *imo licet legitimati fuerint*, adhuc legitimis heredibus exstantibus in nullo succedunt, ex eo, quod pro heredibus non habentur, so auch der Schsp. c. 377 vor den weltlichen Gerichten, dieser verweist jedoch dergleichen Kinder rücksichtlich ihres Erbrechtes an die geistlichen Gerichte. Dass diese Ausschliessung auch in Oesterreich gemeines Recht gewesen sei, geht aus a. 92 W. W. R. hervor (So wellent *etleich*, das u. s. w.), die entgegengesetzte Ansicht ist nur die individuelle des Verfassers des Weichbildrechtes (So welle *wir*, daz u. s. w.). Der vorangehende Artikel 93 spricht übrigens zwar auch von unehelichen Kindern, aber nicht von per subs. matr. legitimirten. So löst sich der Widerspruch, den Schuster S. 39 zwischen diesen beiden Artikeln zu finden glaubt.

5. Das c. 36, II erklärt Schenkungen der Ehegatten unter einander für rechtlich unwirksam etiam si intraverint juramentum (während sonst donationes juramento confirmatae in Oesterreich giltig und aufrecht waren. Siehe Suttinger S. 139), *nisi morte confirmentur*. Die Schenkung des Mannes an die Frau wurde jedoch in Oesterreich und so auch nach der Lehre der Summa bereits durch den Tod der Frau rechtswirksam. Dies wird uns von Suttinger S. 974 ausdrücklich im Gegensatz zum gemeinen Rechte als specifisch österreichischer Landesbrauch bezeugt. Tract. III, c. III: Wiewolen die geschriebenen Rechte vermögen, dass die sonder Vermächt, so zwischen Eheleuten in stehender Ehe aufgerichtet werden, nicht Krafft haben, sie werden dann mit dem Todt des, so Vermächt thut, bestättet, so ist doch *der Landesbrauch* denselben zuwider, dann was ein Landmann seiner Hausfrau in währender Ehe vermacht, das wirt stät und fest gehalten, wo auch gleich ein Hauswirth seine Hauswirthin *überlebt;* also daz er das Vermächt mit seinem Tod nicht bestätiget, ist er nichtsdestoweniger schuldig solches Vermächt seiner Hausfrauen Erben zu halten und zu vollziehen.

Solche „Ehegemächte" (die nichts Anderes sind als Eheverträge der Ehegatten) und überhaupt Zuwendungen der Ehegatten an einander von Todeswegen waren in Oesterreich allgemein (Schroeder 2, S. 143 ff.)

6. Nach c. 33, II ist zur Acquisitivverjährung (praescriptio) einer beweglichen Sache ein Jahr als tempus a lege definitum nothwendig (Handschr. II und IV drei Jahre), einer unbeweglichen Sache *jure civili* (d. h. nach Burgrecht) unter Anwesenden ein Jahr, unter Abwesenden dreissig Jahre, eines Lehen zwölf Jahre (Handschr. II und IV zehn Jahre), eines Eigen (jure proprietatis) dreissig Jahre — amplius eam quiete habebit — praescribit.

Diese Verjährungsfristen finden sich nun ausdrücklich in österreichischen Rechtsquellen bestätigt.

Für Immobilien besteht namentlich in den Stadtrechten von Oesterreich ob und unter der Enns ganz allgemein eine dreissigjährige Verjährungsfrist. Nirgends genügt die Verjährung von Jahr und Tag, wie anderwärts. (Vgl. Hasenöhrl, Oesterr. Landesrecht S. 120 ff.) Schon das alte österreichische Landrecht sagt a. 27: Wer ain aigen in nucz und in gewer hat unversprochen dreissig iar und ain tac ... der sol das fürbas wol gerübet haben. (Vgl. über diese Frist die übrigen von Hasenöhrl S. 121 angegebenen Stellen.)

Ebenso stimmt auch die Frist für Lehen mit dem österreichischen Landrecht überein a. 37: Wer *ain recht lehen* in stiller gewer hat unversprochen *zwelif* iar und ainen tag ... das sol er fürbas berübet haben an alle ansprach. So auch die Frist für ein Burgrecht. Urk. für Bruck a. d. Mur anno 1396 (Gengler, Stadtrechte 58): Wer in derselben vnnserer Stat vnnd in Irem Purckhfriedt aines *Purckhrechts Jahr* vnnd tag unversprochen an Nutz vnnd Gwer sitzet, das der auch on all Zuespruch vnnd Irrung fürbas dabey beleiben soll, *als das von Alter ist heerkhumben*.

Ebenso im steirischen Landrecht a. 83: ist ez ain *aigen dreissig* jar vnd ain tag, ist es ain *lehen zwelf* jar vnd ain tag, ist es ain *purchrecht ain jar* vnd ain tag. Vergleiche auch a. 96 rücksichtlich der Frist von zwölf Jahren für einen ‚lantman‘, der eben kein Eigen, sondern nur ein rechtes Lehen hat, und a. 130: Hat ain man ain lehen *zwelf* jar vnd ain tag vnuersprochen in nucz vnd in gewer, ain aigen dreissig jar vnd ain tag ... ain purkchrecht ... jar vnd tag ... u. s. w., ob en die darnach chlagen, die weil *ynner landes* gewesen sind, ferner die Anmerkungen Bischoff's zu diesen Artikeln und die daselbst für Graz, St. Veit in Kärnten, Klagenfurt, das Kärntner und Krainer Landrecht angeführten Rechtsquellen, so auch W. W. R. a. 89, der jedoch abweichend für Lehen fordert, dass man sie vierzehn Jahre und Tag ‚in rechter gewer‘ gehabt habe.

Insbesondere bleibt die vom langobardischen Lehenrecht, das an einer Stelle von einer dreissigjährigen Verjährung spricht, abweichende Verjährungszeit von zwölf Jahren bei Lehen, wie Hasenöhrl S. 126 sagt, ‚immerhin eine merkwürdige Erscheinung, die auch in Kärnten vorkommt und specielles österreichisches Provinzialrecht gewesen zu sein scheint‘.

Diese besonderen Rechtsgewohnheiten, die uns nur für Oesterreich bezeugt werden, setzen den österreichischen Ursprung des Werkes ausser Zweifel.

Mit gleicher Zuverlässigkeit lässt sich sogar eine bestimmte Stadt, und zwar Wiener-Neustadt als Entstehungsort der Summa bezeichnen.

Dass der Verfasser überhaupt in einer Stadt lebte und schrieb, geht aus der ganzen Anlage des Werkes und aus bestimmten Aeusserungen hervor (in *nostra* civitate, *hic* est consuetudo). Das grosse Gewicht, das er auf städtische Aemter und Würden legt, die hohe Stufe, in der uns die städtische Verfassung und das von ihm dargestellte Städtewesen überhaupt mit seinen zahlreichen Zünften entgegentritt, lässt uns auf die Grösse und Ausbildung dieser Stadt im Mittelalter schliessen, und die Annahme, dass es Wien war, liegt allerdings nahe, zumal wenn man die offenbare Verwandtschaft mit vielen Sätzen des Wiener Rechtes und die auffallende Aehnlichkeit der ganzen Rechtsbildung ins Auge fasst. Neben der beinahe wörtlichen Uebereinstimmung vieler Sätze namentlich über das Reinigungsverfahren ist nachfolgende Stelle offenbar dem Stadtrechte Herzog Friedrichs II. für Wien vom Jahre 1244 unmittelbar entnommen, obwohl er im W. N. Str., c. 61 ebenfalls vorkommt. Ich stelle diese Sätze nebeneinander.

Summa III, 43.

Vetus lex Strenge Anwendung der Talion beim Todtschlag. *In novo autem lege* mitius et generosius pro libero homine occiso judicatur, quia si in facto *homicida* non comprehenditur et vult delictum emendare et poenitere coram deo et coram mundo pro omni suo posse, tum placitatur cum parte sibi adversa pro pace et gratia sibi impetranda. Quodsi pars adversa nullum placitum concordiae vult acceptare, nec poenam super tali laesione statutam vult recipere et contumaciter renuerit, tunc judex recipiat hoc statutum et laeso sub testimonio duorum proborum virorum vel trium offerat; qui si non recipit, tunc judex illud in suos usus redigat et pronunciet occisorem vel laesorem ab illo delicto liberum et solutum et recipiat suam emendam a parte contraria. Et hoc ideo fit etc.

Summa III, 46. De proscript.

Si aliquis offendat aliquem quacumque offensione et laesione et vult voluntarie poenitere et statutum id est omnem poenam sibi impositam pati, quam talliare potest sive in rebus sive in persona quoad eum et quoad laesos poenae exhibere coram deo et mundo pro omni suo posse, et hoc actor frivole contradicat, tunc judex recipiat illud statutum jus et laeso offerat cum duobus idoneis testibus vel tribus. Et si ipse recipere recusat, tunc judex illud in suos usus couvertat et *offensum propter contumaciam et frivolentiam proscribat, et si postea deprehenditur, tunc manus sibi amputetur, vel xxx talenta persolvat judici.*

W. St. R. v. 1244, a. 7.

Item si quis aliquem in quacumque causa vel lesione offenderit, et ille debitam satisfaccionem et statutum pene propter hoc judicio sibi exhibere voluerit, ille videlicet passus injuriam contumaciter renuerit, judex accipiat statutum illud et per quatuordecim dies ter sibi offerat testimonio duorum vel plurium personarum; qui si infra terminum illum non receperit, judex redigat id in usus suos, et Iesus ille contumax tenetur nobis in xxx talentis. *Si denarios non habuerit, proscribatur. Si in proscriptione deprehensus fuerit, manus sibi amputabitur.*

W. N. Str., c. 61.

Item si aliquis aliquem in quacumque causa vel lesione offenderit, et ille debitam satisfaccionem et statutum pene propter hoc coram judicio sibi exhibere voluerit et ille videlicet passus injuriam contumaciter renuerit, judex accipiat hoc statutum et per quatuordecim dies ter sibi offerat testimonio duorum vel plurium personarum. Qui si infra terminum illum non receperit, judex id in usus suos redigat, et Iesus ille in xxx tal. nobis pro contumacia teneatur.

Die Summa hat also in diesen beiden Stellen III, 43 und 46 das Friedericianum für Wien vom Jahre 1244 zur Vorlage und schliesst sich ihm mit wenigen stylistischen Abänderungen enge an; sie benützt es als Vorlage direct und nicht etwa durch Vermittlung des W. N. Str. Denn in diesem fehlt der Satz von der Proscription und dem Verlust der Hand gänzlich.

Und doch führt eine weitere Untersuchung auf das Wiener Neustädter und nicht auf das Wiener Stadtrecht als Quelle vieler Stellen der Summa hin. Die Uebereinstimmung mit dem Wiener Stadtrechte lässt sich genügend durch die Verwandtschaft der in beiden Städten gleichmässig geltenden Rechtsanschauungen oder dadurch erklären, dass das Wiener Stadtrecht vom Jahre 1244 selbst Hauptquelle des W. N. Str. ist (Winter, S. 83), und viele seiner Sätze in das letztere übergegangen sind. Viele Sätze der Summa stimmen jedoch mit dem W. N. Str. selbst dort wörtlich überein, wo dieses sich mit dem Wiener Stadtrechte in einem Widerspruche befindet oder ganz eigenthümliche Sätze enthält, die sich in den Wiener Stadtrechten nicht nachweisen lassen. So stellt die Summa III, 47 die Reinigung bei Verbrechen dar *secundum jus provinciale*, d. h. nach dem Rechte eines bestimmten Rechtskreises,[1] der nur der Bezirk des Landgerichtes Wiener Neustadt sein kann.

Summa III, 47.

Si accusatus de furto, rapina, de homicidio aut de quovis alio maleficio, quod personam habet tangere vel honorem, vocatus ad judicium venerit non coactus, et suam innocentiam velit ostendere et secum plures expurgatores habere non poterit, forte quia nesciverint, quando vel ubi haec facta esse dicantur, tum idem suo solius juramento se expurget et sit liber a judice et actore. Si autem

W. N. Str., c. 1.

Si accusatus de homicidio aut rapina aut furto aut alio maleficio, quod personam habet tangere vel honorem, vocatusque ad iudicium venerit non coactus et suam innocenciam velit ostendere et plures expurgatores habere non poterit, se sui solius iuramento expurget et sit liber a iudice et actore. Si autem actor velit accusatum septem virorum proborum testimonio superare, accusatus se expurget

---

[1] Das Weichbild einer Stadt oder der städtische Rechtskreis wird zuweilen *provincia civitatis* genannt. Siehe Gengler, Deutsche Rechtsalterthümer S. 265.

actor velit accusatum septem proborum virorum testimonio superare, tunc accusatus se expurget secundum quod pax civitatis fuerit instituta; quod si facere nequiverit aut cum *hanthaft* comprehensus fuerit aut captus sine *hanthaft* et coactus ad judicium deductus fuerit, tunc de eo, prout justum fuerit, judicetur.

Item si aliquis accusatus fuerit pro homicidio, et ipse hoc vim vi repellendo asserat se fecisse et hoc probet *secundum quod pax civitatis est instituta*[1] videlicet suo sacramento et cum aliis quatuor proborum virorum manibus secum in judicio elevatis et sit liber liber a judice et actore. Item accusatus pro vulnere se expurget suo solius juramento et duabus proborum virorum manibus secum in judicio elevatis, et sit liber a judice et actore.

secundum quod pax fuerit instituta, nisi in ipsa actione maleficii id est *hanthaft* fuerit deprehensus, tunc actoris testimonium audiatur. c. 6 am Schlusse: Quod si vero facere nequiverit, de eo, ut justum fuerit, iudicetur. c. 10 am Schlusse: iudici presentetur, et de ipso, prout iustum fuerit, indicetur.

c. 6. .

Item si aliquis accusatus fuerit pro mortuo vel eciam vulnerato et ipse hoc vim vi repellendo asserat se fecisse et hoc probet pro mortuo suo iuramento cum aliis quatuor proborum civium manibus secum coram iudicio elevatis, pro vulnerato autem cum duobus, et sit liber a iudice et actore.

Zu bemerken ist hier, dass sich der Summist bezüglich der Reinigung bei einer Verwundung im Einklange mit dem W. N. Str., aber in einem Gegensatze zu den Wiener Stadtrechten befindet, denn diese fordern sämmtlich übereinstimmend bei einer Verwundung die Reinigung *metquinto*, während nach den ersteren die Reinigung *mettertio* genügt. So das Stadtrecht vom Jahre 1244 a. 2 bei einer einfachen Wunde cum quatuor aliis ex viginti sibi a judice denominatis. 1278 I, a. 2 cum quinque sive de homicidio sive pro *vulnere* sive pro quibuscumque excessibus aliis violentis (so auch die Stadt Krems, Rudolf III. 1305, 24. Juli, a. 2 vier mit ains selbes aide), Albrecht II. 1340, 24. Juli, a. 2 umb ein wunden oder umb ander sache, die an die echt get (quae vadit ad proscriptionem, wie unsere Summa an einer Stelle sagt) mit den vieren und mit sein aines aid. Auch der Ausdruck cum aliis quatuor proborum civium manibus secum coram judicio elevatis für den Fünfereid ist dem W. N. Str., sowie unserem

---

[1] C. 5. W. N. Str. *Pacem itaque civitatis instituimus taliter*, quod accusatus pro mortuo proprio iuramento et aliis quatuor proborum virorum manibus secum elevatis coram indicio se expurget.

Summisten eigenthümlich und erscheint nirgends in den Wiener Stadtrechtsquellen. Vgl. St. L. R. (Bischoff, S. 157), wo Jemand wegen Todtschlags vor den rechten ainen gesworen aufgereckten ayd schwört.

An einer späteren Stelle sagt die Summa: *Numerus* expurgandorum (der Eidesgenossen) pro mortuo sunt *quinque*, pro vulnere aut pro aliquo membro laeso sunt *tres*, pro percussione vel alia laesione aut pro vituperio *unus*. Ueberhaupt findet sich in ihr dieselbe Casuistik der Verwundungen und der Realinjurien wie im W. N. Str., und es findet das letztere in der Summa insofern eine Ergänzung, als in dieser zugleich die Art der Reinigung für die einzelnen Arten specificirt wird, während in ihm nur die Strafen angegeben werden. Die Summa zählt auch die einzelnen Fälle auf, wo der Eineid genügt, und zwar fünf Fälle, unter anderen auch die Nothzucht. Item accusatus pro stupro, si debito tempore et rite proclamatus non fuerit, expurget se suo solius juramento et sit liber. Vgl. damit W. N. Str., c. 57. Die Entschuldigung des Nichterscheinens vor Gericht wegen ehehafter Noth geschieht nach c. 47 III suo speciali nuntio, ebenso wie nach dem St. L. R. XVII und XVIII (Bischoff, S. 183) durch einen ‚Scheinboten'.

Das c. 47, III schliesst mit den Worten: In summa notandum, quod de omni occulto maleficio, de quo quis bonae famae et idoneus accusatur, de illa potest se expurgare, nisi in maleficio deprehendatur, vel nisi defecerit in expurgatione;

W. N. Str., c. 1.
Vom Todtschläger.

vel si vocatus ad judicium non comparuerit, sed fugerit, et postea vinctus ad judicium perducetur, quod tunc testimonium actoris anditur. Et si est cum *hanthaft*, cum *duobus* testibus superatur. Si est sine *hanthaft*, tum cum *septem* testibus superetur, ut jus est.

Et si ... in ipsis induciis se indicio non presentaverit non coactus, judicetur de ipso, ut exigit ordo iuris id est, quod *duobus* testibus ydoneis cum evidenti signo, quod in vulgari dicitur *hanthaft*, vel cum *septem* testibus ydoneis preter *hanthaft* iuramentorum deposicionibus devincatur.

Die Reinigung ist entweder eine Reinigung wegen Verbrechen, quae vadit ad proscriptionem, oder wegen Schulden, Gelöbnissen und Verträgen, die nicht an die Acht geht. Bei letzteren kommt es auf die Grösse der Schuld an. Ueber dreissig Talenten ist der Eineid zur Abläugnung der Schuld

erforderlich. Unter dreissig Talenten genügt die Berufung auf seine
Treue *per fidem suam* se non teneri. Letzterer wird in österreichischen Rechtsdenkmälern häufig Erwähnung gethan, z. B. im
W. N. Str., c. 27, 31, im W. W. R. a. 5, bei der Leugnung der
Schuld a. 109, *auf sein gewizzen* a. 130, 131, 144, 77. Der a. 5
W. W. R. sagt dagegen: Chlagt ein man den andern umb ein
gelt, und daz im der antwurter des laugent, *ist des gelts mer denn
dreu phunt,* daz muez der chlager mit den genannten pringen;
ist aber des gelts nuer dreu phunt oder minner, daz pringet der
chlager wol mit zweien iesleichen pidermannen da ze stet.

Nach III, 46 erfolgt die Achterklärung propter contumaciam wegen Nichterscheinens vor Gericht

scilicet cum accusatus pro homicidio, pro vulnere vel alio crimine et trina vice citatus non vult coram judicio comparere.

W. N. Str., c. 1.

Qui si iudicium fugerit, tribus edictis videlicet per ter quatuordecim dies, a iudice et praetorio tunc citetur, et si tunc non venerit ad iudicium non coactus, proscriptum eum pronunciet index.

Aus dieser Acht zieht man sich auf doppelte Weise:

Summa III, 46.

Primo si post proscriptionem ad judicium venerit non coactus et sine omni pacto cum judice facto et juret se vocationem ad judicium ignorasse, audita autem vocatione et proscriptione non coactus se judicio praesentasse et velle assistere judicio pro eadem causa actoribus responsurus, tunc judex eum a proscriptione absolvat, et tribus placitis idem coram judice appareat, et tum de eo sicut de non proscripto judicetur.

W. N. Str., c. 3.

Sed si idem post proscripcionem ad iudicium venerit non coactus et sine iudicis foro facto, id est quod hoc precio non comparaverit apud ipsum, et iuret se vocacionem ad iudicium ignorasse et audita sua vocacione se non coactum iudicio presentasse et velle assistere vel astare pro eadem causa iudicio actoribus responsurus, iudex eum a proscripcione absolvat, et tribus placitis conpareat coram iudice non coactus, et de eo sicut de non proscripto et non coacto de cetero indicetur.

Secundo. Siehe die oben S. 298 angeführten und neben das Wiener Stadtrecht vom Jahre 1244, a. 7 und das W. N. Str., c. 61 gestellten, mit jenem und mit letzterem bis auf den fehlenden letzten Satz übereinstimmenden Stellen der Summa.

Das Verfahren mit dem flüchtigen Todtschläger wird in der Summa übereinstimmend mit dem W. N. Str. c., 67 dargestellt, ebenso die Zuwendung des Vermögens zur Hälfte utilitati communitatis und zur Hälfte pro remedio animae mit

dem c. 83 und so auch die Reinigung von der Beherbergung
eines Geächteten, die übrigens auch mit dem Stadtrecht von
1244 a. 6 genau übereinstimmt.

Summa III, 46.	W. N. Str., c. 58.
Si quis incusatur, quod proscriptum collegerit et in domo sua eum servaverit, ille suo solo juramento se expurget et sit liber.	Item quicumque civis accusatus fuerit quod proscriptum scienter et latenter in domo suo tenuerit, de hoc si voluerit expurget se sui solius proprio iuramento.

Dagegen fügt die Summa noch hinzu: Si vero proscriptus in mansione alicujus deprehensus fuerit, tunc de eo prout justum fuerit judicetur, conservans autem det judici decem talenta, aut manus amputetur eidem.

Die Acht spricht der Richter aus: habens auctoritatem et bannum, a superiori sibi traditam. Vgl. W. N. Str., c. 1 und 109.

Nach III, 48 ist der Zweck der Strafe bloss der Schutz der öffentlichen Ordnung, des gemeinen Wohls und die Abschreckung der Verbrecher. Sunt enim emendae solum institutae propter quietem et *pacificum statum bonorum et cohercionem malorum*, non propter aliud. Vergleiche c. 67 W. N. Str.: quia jura legalia et canonica hoc affirmant, quod non propter extorsionem et avariciam, sed *propter pacem et bonum statum terrarum et hominum* sunt poene sive *emende* judiciarie institute.

Deshalb hat der Richter jene Strafe zu verhängen, *quae magis timetur*. Vergleiche c. 71 W. N. Str.: quia gravitas emendarum non est instituta a legislatoribus, *ut integre requiratur, sed quod studiosius timeatur*. Und so sagt auch die Summa: poenae a judice impositae recipiuntur *in partem, quod sunt super gratiam*. An einer anderen Stelle: Et notandum, quod principalis intentio judicis in recipiendis emendis debet esse criminum prohibitio et concordiae praeceptio. Und zur Bestärkung dieses Satzes beruft sie sich auf eine Stelle des heiligen Augustin.

Nach III, 48 de poenis hat der Richter in emendis recipiendis sieben Momente zu berücksichtigen. Hier schliesst sich der Autor an die septem modi der Hostiensis, Buch V. S. 86 an.

Summa III, 48.	W. N. Str., c. 71.
Videlicet persona, causa, aetas, locus, tempus, consuetudo, qualitas, multitudo etc. *Persona id est conditio personae utrum digna vel vilis, nobilis*	Item, statuimus firmiter observandum, quod judex *in recipiendis emendis* consideret *causam, condicionem persone et consuetudinem civitatis*.

vel ignobilis, dives vel pauper. *Aetas* scilicet puerilis vel senilis vel adulta. *Causa* id est culpa. Posset enim judex a delinquente extorquere decem talenta, quum sibi vix in sexaginta denarios tenetur ex culpa, propter quod gravitas poenarum debet a consulibus moderari juxta culpae qualitatem. *Locus* scilicet sacer vel praetorium vel consultorium. *Consuetudo aliorum judiciorum* et patriae et consulum civitatis. *Qualitas* id est delicti. Aliter enim punitur vis publica quam privata, aliter cum armis quam sine armis, aliter qui facit contra principem vel contra potiores vel quam si facit contra medias vel infimas personas civitatis. *Multitudo* scilicet delinquentium aliter punitur, quam si unus, ut patet in seditione.

Causam: ut si forte quis pro lx den. conqueritur vel non tantis et propter suam simplicitatem vel rigoris iuris ignoranciam vel eciam negligenciam advocati in x tal. pro emendis per senteneiam iudici remanebit, tamen nichilominus index minus medietate lx den. debet recipere pro emenda, ne indicium a querelantibus horreatur, quia gravitas emendarum non est instituta a legislatoribus ut integre requiratur, sed quod studiosius timeatur. Item, *condicionem persone* index consideret in emendis, videlicet ut a divite plus recipiat, a paupere vero minus. Item, consideret *consuetudinem iudicum aliorum* conservatam ad consilium civium meliorum, quia propter bonum statum hominum civitatis penarum gravitas in emendis debet secundum *qualitatem culpe vel cause* et *habitum persone* per iuratos consilii moderari, quia coram nobis super huiusmodi specialiter iuraverunt.

Die Umwandlung einer Geldstrafe in eine persönliche soll dann erfolgen, wenn der Verbrecher insolvent ist et hoc ideo, ne delinquens omnino impunitus evadat. *Nullus tamen ita inops est, quin ipse habeat emendam dare in rebus aut in persona.* Vergleiche damit den Schlusssatz in c. 21 W. N. Str.: et hoc ne facilitas venie viam prebeat delinquendi et eciam verificetur hoc *consuetum proverbium* scilicet, *quod nemo est nisi habeat emendam aliquam* (die deutsche Uebersetzung fügt hinzu: mit dem leib oder mit dem gut).

Die Summa kennt im Einklange mit der Hostiensis vier Arten von Strafen aliae in rem, aliae in personam, aliae ex contumacia, aliae ex delicto. Zu den persönlichen Strafen zählt sie die captivatio, incippatio, incarceratio, flagellatio, tormentatio, fustigatio, virgis caesio, aurium sectio, nasus abscissio, oculorum effractio, per dentes crematio, manuum vel pedum amputatio, decollatio, suspensio, rotatio, insaccatio, crematio, relegatio. Sie stimmen mit den in Oesterreich üblichen überein. Viele von ihnen kommen auch im W. N. Str. und namentlich im St. L. R. vor.

In II, 50 werden die mittelalterlichen „Geschäfte oder Gemächte" als Legate aufgefasst, und es wird von den gesetzlichen Notherben gesprochen. Et nota, quod in hiis legatis debet consuetudo provinciarum servari. Sunt enim in diversis regionibus diversae consuetudines. Es werden sodann vier solche Gewohnheiten besprochen.

1. Die zuerst besprochene wird ausdrücklich als eine gute Gewohnheit erklärt und ist uns für Wiener-Neustadt bezeugt.

Summa II, 50.

Est enim una consuetudo, quod testator sanus mente, licet eger corpore, de *rebus mobilibus*, liberis etiam invitis, secundum, suum velle disponit. *res autem immobiles* dividit inter se (d. h. wohl zum Heile seiner Seele, als Seelgeräthe) et uxorem et cunctos liberos suos, *et est bona consuetudo*.

W. N. Str., c. 80.

Statuimus eciam, quod quicumque civium moriatur, si uxorem habeat vel liberos, in voluntaria ordinacione sua consistant omnia *mobilia* bona sua, dummodo a probis viris visus fuerit sane mentis, et iudex de nullis suis rebus se nec mobilibus nec immobilibus intromittat, sed in uxoris sue et puerorum suorum permaneant potestate.

2. Est et alia consuetudo, quod testator de cunctis rebus suis disponere potest, prout vult, uni plus alteri minus, uni hoc alteri aliud, sic tamen, ut legitimos liberos non debeat exhereditare vel praeterire; si autem habet puberes filios, illorum consensus debet de honestate adesse.

Dies scheint der Standpunkt des früheren Wiener Stadtrechtes bis zum Jahre 1350 zu sein. Vergleiche W. Str. vom Jahre 1221, a. 19 ff.

3. Alia est consuetudo, quod quis de rebus, quae proveniunt vel ab avo vel ab ava, vel a patre vel a matre, liberis invitis nichil disponere potest, de rebus autem adventitiis et provectitiis prout vult disponit.

So regelte Herzog Albrecht II. im Jahre 1350, 26. December im Einklange mit dem Rathe zu Wien die Dispositionsfähigkeit über das Vermögen. (Siehe die Urkunde XLII im Bande 1 der Wiener Geschichtsquellen.)

4. Est et alia *mala* consuetudo, quod testator languens, licet sit sanus mente et bonae rationis et deliberationis, testa-

mentum facere non possit, quod est contra omnem justitiam, quia in testamentis non requiritur valetudo corporis, sed mentis et rationis.

Der Satz des Ssp. I, 52, 2 (Schsp. c. 52), der zu Vergabungen eine gewisse körperliche Rüstigkeit fordert, wird also ausdrücklich als eine schlechte Gewohnheit bezeichnet.

Diese Parallelstellen mögen genügen, um auch nur den leisesten Zweifel darüber auszuschliessen, dass die Summa in Wiener-Neustadt geschrieben worden sei.

Wenn daher der Verfasser beim Kaufvertrage III, 19 sagt: Hic nota, quod secundum consuetudinem *nostrae civitatis*, quicunque a contractu emptionis aut venditionis retrocedit, illum judex compellit ad ratihabitionem sub poena unius librae monetae usualis ex quo, quia *parva arrha* datur scilicet *denarius*, und beim Miethvertrage III, 21: *Hic* est consuetudo, si locator deviguit inquilinum, d. h. ihn überlebt hat (deutsche Uebers. Handschr. IV: *besargt* hat: besargen = begraben [Grimm's Wörterb.], beserken [Nibelungen 976, 3]), tunc per se impignorat eum; si non, tunc oportet agere (klagen) pro causa locator (also nicht eigenmächtig pfänden), so können wir getrost annehmen, dass hier von Wiener-Neustädter Rechtsgewohnheiten die Rede ist, wenn uns gleich im ersten Falle der Gottespfennig als Zeichen der Perfection des Vertrages und die Beschränkung des aussergerichtlichen Pfändungsrechtes im zweiten Falle nicht speciell für Wiener-Neustadt bezeugt ist, wohl aber im St. L. R. a. 177 und im W. W. R. a. 38, 61 der Gottespfennig.

Zeit der Entstehung.

Rücksichtlich des Ortes der Entstehung hat die Untersuchung zu einem feststehenden Resultate geführt. Die Zeit der Entstehung lässt sich dagegen nur annäherungsweise bestimmen. Es ist gewiss, dass die Summa nicht mehr im XIII. Jahrhundert geschrieben sein konnte, da die kleinen Summen des Johannes Andreae und des Jacobus Butrigarius wörtlich aufgenommen sind, deren Abfassung in die ersten Decennien des XIV. Jahrhunderts fällt. Dass sie aber auch nicht nach dem Jahre 1400

abgefasst sein kann, ergibt sich daraus, dass die Handschrift I
um das Jahr 1400 geschrieben wurde. Es fällt demnach die
Niederschreibung in das vierzehnte Jahrhundert. Dass sie
der ersten Hälfte dieses Jahrhunderts angehöre, dafür
sprechen folgende Gründe. In dem auf Grundlage einer Schrift
des Jacobus Butrigarius geschriebenen c. II. 74 wird auch des
Privilegiums fori für die Scolaren gedacht. Est beneficium,
quod competit *scolaribus*. Dann setzt unser Autor selbstständig
hinzu: Scolaris enim, qui *Bononiae* moratur, subjectus est jure
communi judici Bononiensi. Sed per privilegium potest declinare et dicere, quod velit coram suo judice conveniri, et huic
beneficio bene potest declinare. (Butrigarius erwähnt Bologna
nicht, sondern sagt bloss: Item renunciant scholares privilegio
suo, ut coram non suo judice possint ex causa conveniri, quod
regulariter fieri non potest.) Nun wurde dasselbe Privilegium,
das den Scolaren zu Bologna zustand, sowie die Privilegien
von Bologna überhaupt, gleich bei ihrer Gründung auch der
im April 1348 errichteten Prager und der im Jahre 1365 gegründeten Wiener Universität verliehen. (Siehe Tomek, Geschichte der Prager Univers., S. 4.) Die Prager Doctoren, Magister und Studenten sollen sich aller Freiheiten erfreuen, welche
an den Studien zu Paris und Bologna Geltung haben, wozu
(S. 10) auch die Gerichtsbarkeit des Rectors über alle Mit-
glieder sowohl in Disciplinarsachen, als im Civil- und Criminal-
processe gehört. Und so auch in Wien (siehe Kink's Gesch. d. Un.
Wien), quodsi eorum aliquis (scolaris) impeti seu in jus trahi non
debet pro causa aliqua, corpus, honorem vel res concernente coram seculari judice sed dumtaxat coram rectore universitatis et
studii memorati, volentes eos esse exemptos omnino tam a dicto
exactionis genere tum etiam a strepitu judicis secularis. Es
ist nun höchst unwahrscheinlich, dass unser Summist ein für
einen Mann von gelehrter Bildung gewiss so wichtiges Ereigniss
wie die Gründung von Universitäten in seiner Heimat oder
wenigstens, da er in Wiener-Neustadt schrieb, in dem benach-
barten Wien ganz ignorirt und sich lieber auf das entfernte
Bologna bezogen haben würde, hätte er zur Zeit, als er sein
Werk schrieb, davon Kunde gehabt. Er musste daher seine
Schrift vor der Gründung dieser Universitäten, also vor 1348
oder wenigstens vor 1365 geschrieben haben. Bestärkt werden wir

in dieser Annahme, wenn wir sehen, dass die in Ungarn gemachte Uebersetzung dieser Summa anstatt Bologna hier ausdrücklich Ofen substituirt.

Ferner erliess Herzog Rudolf IV. im Jahre 1360, 20. August eine im Wesentlichen mit der desselben Herzogs für Wien vom 2. August (W. G.-Qu. LXII) gleichlautende Verordnung (siehe Winter S. 108, n. 39), wonach alle Immobilien betreffenden Rechtsgeschäfte fernerhin nicht mehr wie früher bei Strafe einer Mark Goldes zu Gunsten der Stadt von den weltlichen oder geistlichen Grundherren mit ihrer hant, gunst, briefen oder insigeln, sondern nur vor dem Bürgermeister und Rathe der Stadt abgeschlossen und gefertigt werden sollten. Dies ist aber in offenbarem Widerspruch mit der Lehre der Summa I, 28 de vigore sigillorum, nach der alle Rechtsgeschäfte über unbewegliche Sachen nur dann Kraft haben, wenn sie cum manu et sigillo domini fundi und dem eigenen Siegel oder in Ermangelung eines solchen mit dem Siegel duorum proborum virorum bekräftigt oder wenigstens in dem Buche des dominus fundi eingetragen worden sind. Letztere Bestimmung ist übrigens im Einklange mit dem Stadtrechte Herzog Albrechts II. für Wien vom 24. Juli 1340, a. 76: Wir setzen auch und wellen und gebieten diesen satz ewichleich und vestichleichen zu behalten: Swelich man nicht aigen insigel hat, wes sich der under *zwair* oder menigerr erberr manne insigel verbint, *die der zeugnusse wert sint*, daz sol stet beleiben, als daz urchund under den insigeln sait. Wer dawider tuet, daz sol nicht chraft haben, und sol darzu dem richter pessern nach des rates rat.

Auf die Bekanntschaft mit diesem Stadtrechte von 1340 deutet noch eine andere Stelle der Summa hin, III, 46, nach welcher die in einer Stadt ausgesprochene Acht *secundum statuta principum* non vadit extra districtum illius judicis, qui primus eum proscripsit. *Est enim sat gravis poena, quod oportet proscriptum in tali judicio relinquere uxorem et cunctos amicos, nec non omnia bona sua.* Nun heisst es in a. 10 des Stadtrechtes von 1340 wörtlich: Swer in der stat aecht chumt, daz sol chain furban sein, und sol fürbaz chain ander aecht nicht leiden, *wan* er schaden genug hat, daz er sein haus, sein weib und seinen chind lazzen muez und die stat muez raeumen.

Daraus ergibt sich denn als Resultat, dass die Entstehungszeit der Summa in das XIV. Jahrhundert und höchst wahrscheinlich noch in die erste Hälfte desselben zwischen die Jahre 1340 und 1360 oder mit Rücksicht auf die Gründung der Prager Universität zwischen 1340 und 1348 fällt. Bekräftigt wird diese Annahme dadurch, dass die Prager Synodalartikel vom Jahre 1349 erst später zu dieser Summa geschrieben und mit der Bulle Gregors XI. vom Jahre 1374 zu einem vierten Buche in der Handschrift II verarbeitet erscheinen, sie also schon vor 1349 in Böhmen oder Mähren Verbreitung erlangt haben musste.

Person des Verfassers.

Der Verfasser der Summa nennt sich nirgends, und wir sind auf den Inhalt der Schrift angewiesen, um aus ihr einige Anhaltspunkte für seine Persönlichkeit zu gewinnen. Dass er kein Italiener sondern ein Deutscher war, geht aus seiner umfangreichen Kenntniss deutscher Rechtssätze und Rechtsgewohnheiten und aus den hie und da vorkommenden deutschen Ausdrücken hervor. Dass er sein Buch zu Wiener-Neustadt geschrieben habe und daselbst lebte, glaube ich unzweifelhaft dargethan zu haben. Ob er übrigens dieser Stadt von Geburt angehörte, ist zweifelhaft. Vielmehr deutet seine Bekanntschaft mit den Rechtsgewohnheiten vieler Orte, die er häufig neben einander stellt, auf einen wechselnden Aufenthalt in deutschen Orten hin. Auch in Venedig scheint er gewesen zu sein, da er das daselbst übliche Gantverfahren kennt. Er schrieb sein Werk, wie aus der Einleitung hervorgeht, zum Nutzen seiner Söhne, um sie zu städtischen Aemtern zu befähigen, somit schon in vorgerückten Jahren. Trotz seiner Kenntniss des kanonischen Rechtes, und ob wohl er auch die des römischen Rechtes grösstentheils der Schrift eines Decretisten verdankt, gehört er daher nicht dem geistlichen Stande an. Seine nicht gewöhnliche tiefere Kenntniss des römischen und kanonischen Rechtes konnte er sich übrigens nicht in Deutschland, sondern nur an einer italienischen Universität erworben haben. Dies beweist auch die Wahl italienisch-lateinischer Worte selbst an solchen Stellen, wo er sich nicht an andere italienische Vorbilder anlehnt, z. B. fatiga, pardonare, talliare, pagare, rebellisare, ribaldi (Wüstlinge), spatiari, sine fallo (dolo malo), blada (Getreide), die in der italienischen Aussprache gegründete Verwechslung von condictio und conditio u. s. w. Die ausschliesslich nachweisbare Benützung von Schriften von Lehrern an der Universität zu Bologna, die Erwähnung des Privilegiums der dortigen Scolaren setzen es ausser Zweifel, dass er wie zahlreiche Deutsche und Oesterreicher in Bologna studirt habe und wahrscheinlich Schüler oder Zeitgenosse des Johannes Andreae und des Jacobus Butrigarius gewesen sei, die er sich bezüglich der Knappheit und Klarheit ihrer Darstellung zum Muster genommen zu haben scheint.

Es ist bekannt, dass Deutsche in grosser Anzahl schon frühzeitig auf den mittelalterlichen italienischen Hochschulen studirten. Insbesondere genossen namentlich zu Bologna und Padua die daselbst bestehenden deutschen Nationen grosses Ansehen und besondere Privilegien. In Bologna erhielt die deutsche Nation schon 1265 das Recht, dass alle fünf Jahre der Rector der Ultramontani aus ihr genommen werden sollte (vergl. Savigny, Rechtsgeschichte III, S. 188, n. 1). Die Procuratoren der deutschen Nation übten die Gerichtsbarkeit mit Ausschluss des Rectors sowohl als der städtischen Gerichte aus (Savigny III, S. 199. Vgl. auch Muther, Zur Geschichte der Rechtswissensch. der Univers. in Deutschland, S. 399).

Die von der Berliner k. Akademie beabsichtigte Herausgabe der ältesten Originalacten (Matrikeln und Annalen) der deutschen Rechtshörer zu Bologna im XIII. Jahrhundert, die uns in dem Privatarchive des Grafen Malvezzi de' Medici erhalten sind, während sie an anderen Universitäten z. B. Siena und Padua grösstentheils verloren gingen, und deren Redaction dem Dr. Friedländer übertragen wurde, wird uns vielleicht über die Person unseres Autors nähere Auskunft geben. Indessen ist die Herausgabe heute noch nicht so weit fortgeschritten, und auch eine auf meine persönliche Anfrage an Dr. Friedländer erfolgte freundliche Auskunft konnte bisher nur die Thatsache constatiren, dass unter den in Bologna studirenden Deutschen sich auch zahlreiche Oesterreicher, insbesondere aus Wien und Steiermark befanden. Die Zahl der später zur Zeit der Reception des römischen Rechtes in den verschiedensten öffentlichen Stellungen vorkommenden Oesterreicher, die ihre Studien zu Padua, Bologna und Siena gemacht hatten, ist eine sehr grosse. (Siehe darüber Luschin, Oesterreicher an italien. Univers. Wien 1882, S. 160.) S. 177 führt Luschin auch sechs Wiener-Neustädter an, die in Italien studirten. Insbesondere war Wolfgangus Woller junior 1593 und 1597 Stadtrichter in Wiener-Neustadt (Böheim, Chronik von Wiener-Neustadt II. 238 und Luschin S. 86, n. 715). In den Städten suchte man rechtsgelehrte Schreiber beizuziehen, die mit ihrer Kenntniss des geschriebenen Rechtes den Schöffen zu Hilfe kommen sollten, damit sie nicht in rathlosem Schwanken den rabulistischen Sachwaltern preisgegeben seien.

Seit dem XIV. Jahrhundert nahmen die Städte Rechtsconsulenten in ihren Dienst, die zugleich als Beisitzer des Stadtgerichtes fungirten. In Lübeck wurde schon 1276 ein gelehrter Stadtschreiber angestellt (Stintzing, Geschichte der Rechtsgelehrsamkeit in Deutschland, S. 52). Und an einem anderen Orte sagt Stintzing (Geschichte der populären Literatur S. XXIX): Das bedeutendste Amt, das sich den gelehrten Juristen eröffnete, war das eines Stadtschreibers (Stobbe, Rechtsquellen, B. I, S. 642 ff.; B. II, S. 58, 104 ff.), zu welchem die grösseren Städte sich oft einen hervorragenden Juristen aussersahen, das aber öfter, in kleineren Städten wohl gewöhnlich, dem Mittelschlage überlassen werden musste, und S. XXX das Amt des „Schreibers" vereinigte in sich die Functionen eines Notars, Protokollführers, Urtheilverfassers und Rechtsconsulenten. Er trat auch wohl als Beisitzer in das Gericht ein, um dem Richter und den Schöffen mit seiner Rechtskenntniss auszuhelfen. Er las zunächst das Rechtsbuch vor, daran knüpfte sich die Auslegung und an diese Belehrung die Entscheidung.

Eine ähnliche Stellung als Stadtschreiber mochte nun auch unser Verfasser in Wiener-Neustadt eingenommen haben, wie uns dies bezüglich der Stadt Iglau in Mähren ungefähr zu gleicher Zeit mit Johannes Geilnhausen und für Brünn mit dem Verfasser des Brünner Schöffenbuches, dem Schreiber Johannes bezeugt ist. Darauf deutet auch seine genaue Kenntniss der praktischen Rechtspflege und des städtischen Rechtes überhaupt. Dass er auch mit der Notariatskunst innig vertraut war, beweisen die c. I, 16 De instrumentis publicorum notariorum —

licet de publicis notariis et de eorum instrumentis in juris judiciis non sit consuetudo neque cura; I, 17 Quando derogatur instrumento; I, 18 De vigore sigillorum; I, 19 Quando poterit, sigillo derogari; III, 36 De crimine falsi et falsariis. Möglich dass er auch ein anderes städtisches Amt bekleidete, Consul oder selbst Bürgermeister war und als solcher in der Lage, einen praktischen Einfluss auf Statuten und Entscheidungen des Rathes zu nehmen. Viele seiner Sätze scheinen auch in der That in Wiener-Neustädter Schöffensprüche übergegangen zu sein. Höchst unwahrscheinlich ist es aber, dass er Stadtrichter gewesen sei. Denn wiederholt stösst er Klagen aus über die Willkür und Habsucht der Richter, z. B. III, 48: Sed heu, multi justum ordinem pervertunt, qui dignos poena personali dimittunt, et res illorum aufferunt et sic innoxios condempnant. — Sed heu, haec commutatio poenae pecuniariae in personalem fit frequenter ex cupiditate judicum u. s. w.

Die Summa als Quelle des Wiener-Neustädter Stadtrechtes. Dessen Alter.

Wir kehren zu Wiener-Neustadt zurück. Diese Stadt, an der Grenze von Steiermark gelegen, wurde im Mittelalter abwechselnd bald zu Oesterreich, bald zu Steiermark gerechnet (siehe darüber Winter S. 62 ff.). Damit erklärt sich die Aehnlichkeit vieler ihrer Rechtssätze und auch der Summa mit steirischen Rechtsquellen. Zahlreiche Urkunden (siehe insbesondere Winter, Beiträge, die Urkunden n. 2, 13, 14, 15; dann die umfangreiche, von den Bürgern gesetzte Mauthordnung von 1310 daselbst, 2 und 3) bezeugen die Bedeutung und namentlich die gewerbliche Blüthe dieser Stadt im Mittelalter.

Das uns zwar nicht im Originale, aber in vielen Handschriften erhaltene umfangreiche Stadtrecht zählt zu den interessantesten des Mittelalters durch die Reichhaltigkeit und Ausführlichkeit seiner Bestimmungen und durch die vielen kritischen Fragen, zu denen es Anregung gibt.

Schon im Jahre 1848 wurde es von Würth in der österreichischen Zeitschrift für Recht und Rechtswissenschaft zum ersten Male herausgegeben und später von Meiller im Archiv für Kunde österreichischer Geschichtsquellen abermals edirt. In neuester Zeit (1880) verdanken wir Dr. Gustav Winter eine neuerliche kritische Herausgabe auf Grund des gesammten Handschriftenmateriales mit einer sehr lehrreichen gründlichen Einleitung im Archiv für vaterländische Geschichte LX, 1. Dass unsere Summa mit dieser uns erhaltenen Form des W. N. Str. vielfach im inneren und äusseren Zusammenhange steht, ist durch Anführung zahlreicher Parallelstellen erwiesen worden.

Es ist nun eine doppelte Annahme möglich. Entweder hat unser Summist das Stadtrecht oder das Stadtrecht hat die Summa benützt; mit anderen Worten, es handelt sich um die Priorität der einen oder der anderen Rechtsquelle. Untersucht man diese Frage ganz vorurtheilsfrei, so kann man sich meiner Meinung nach der Ueberzeugung nicht verschliessen, dass es das W. N. Str. gewesen, von dem die Summa legum in vielen Sätzen benützt wurde, oder das wenigstens solche Rechtsquellen in sich aufgenommen und verarbeitet hat, die unter dem unmittelbaren Einfluss der Summa gestanden sind, dass also letztere früher entstanden ist, als das Stadtrecht in der uns erhaltenen Form seine Redaction erhalten hat. Als die Hauptquellen, aus denen die Redaction des Stadtrechtes ihren Stoff geschöpft hat, hat Winter S. 64 ff. das Wiener Stadtrecht vom Jahre 1244, dann früheres einheimisches Neustädter Recht, das theils auf dem älteren Privilegiumsrechte der Stadt, theils auf Rathschlüssen und Statuten der Bürger beruht, nachgewiesen. Dass die Summa nun an einer Stelle, die mit dem a. 7 des Wiener Stadtrechtes von 1244, der sich auch in das W. N. Str. c. 61 aufgenommen findet, übereinstimmt, unmittelbar zu jenem zurückgegriffen und sie nicht etwa erst dem letzteren entnommen habe, haben wir oben S. 298 klar nachgewiesen. Eine solche unmittelbare Benützung früherer Wiener Stadtrechtsquellen seitens der Summa, die dann auch in das W. N. Str. aufgenommen wurden, kann man daher mit Recht auch von anderen mit den Sätzen des W. N. Str. wörtlich übereinstimmenden Stellen der Summa behaupten. Ebenso sind in gleicher Weise auch andere mit ihr übereinstimmende Capitel des Stadtrechtes, die nicht dem Wiener Stadtrecht von 1244 entnommen sind, sondern wahrscheinlich auf älterem Privilegienrechte oder früheren Bürgersatzungen beruhen, nicht erst aus dem W. N. Str. in die Summa übergegangen, sondern von dem Verfasser der Summa unmittelbar benützt und ihr einverleibt worden. Bei einigen dieser früheren Neustädter Satzungen ist es beinahe augenscheinlich, dass sie unter dem Einflusse der Summa entstanden sind, sei es, dass diese unmittelbar benützt wurde, oder dass der Verfasser selbst in seiner officiellen Stellung als Stadtschreiber oder Consul auf ihr Zustandekommen einen Einfluss genommen hat. Die Summa hat in einem grossen Theile die Hostiensis zur unmittelbaren Vorlage gehabt und sich ihr mit grösserer oder geringerer Treue angeschlossen. Dies ist namentlich mit der allgemeinen Strafrechtstheorie der Hostiensis der Fall. Diese rein doctrinären Sätze über den Zweck der Strafe, die Momente, die auf ihre Verhängung einen bestimmenden Einfluss haben sollen, über die Natur des Verbrechens etc. finden wir auch, wenngleich in die äussere Form einer Bürgersatzung oder eines Privilegiums eingekleidet, in einer im Wesentlichen wörtlichen Uebereinstimmung mit der Summa im W. N. Str. wieder (siehe insbesondere das c. 71 des letzteren, eingeleitet durch die Worte *Item statuimus firmiter observandum*). Ist es nun wahrscheinlich, dass unsere Summa diese ihrem Vorbilde, der Hostiensis, nachgesprochenen Sätze, die besser in ein Lehrbuch passen und ein ganz theoretisches Gepräge an sich tragen, dem W. N. Str. entnommen habe, oder hat man nicht umgekehrt vollen Grund, ihre durch Benützung der Summa bewirkte Aufnahme in das W. N. Str. anzunehmen?

So sind auch gewiss viele Sätze der Summa, namentlich über die Reinigung bei Verbrechen (Wunden und persönlichen Injurien), insbesondere durch den Eineid, die sich jedoch in diesem Stadtrecht nicht finden, früher in Wiener-Neustadt geltenden Rechtsquellen entnommen.

Daraus ergibt sich denn die wichtige Folgerung, dass die Abfassung des Wiener-Neustädter Stadtrechts erst in die zweite Hälfte des XIV. Jahrhunderts fallen kann, da die Summa, wie früher nachgewiesen wurde, ungefähr in der Mitte dieses Jahrhunderts entstanden ist.

Das Stadtrecht selbst nennt einen Herzog Leopold als den Verleiher. Dass dies nicht Leopold VI. (VII.) sein kann, also die Abfassung nicht in die Zeit der Babenberger falle, wie Würth in seiner ersten Edition annahm, hat wohl Winter zur Genüge dargethan. Dagegen neigt er sich zu der Annahme, die er übrigens selbst als eine blosse Hypothese bezeichnet, dass das Stadtrecht am Schlusse des Jahres 1276 oder in den ersten drei Vierteln des Jahres 1277, nämlich vor dem Freiheitsbrief König Rudolfs I. für Wiener-Neustadt von 1277, 22. November (Winter, Urkundl. Beiträge S. 32, n. 13), verfasst worden sei. Abgesehen von dem Resultate, das die Vergleichung mit der Summa ergeben hat, kann ich mich aus anderen Gründen mit dieser Ansicht nicht befreunden. Selbst Winter gibt S. 105 gegenüber den viel einfacheren Stadtrechten des XIII. Jahrhunderts zu, dass ‚die reichere Exemplificirung, die ausgebildetere Casuistik, die ganze mehr auf die Entwicklung des Einzelnen, Praktischen und Kleinen gerichtete Anlage des Neustädter Rechtes leicht verleiten könnte, es noch hinter das Wiener Recht von 1340 zu stellen', und in der That ist es namentlich die Höhe der Entwicklung der städtischen Verfassung und Verwaltung, wie sie uns im W. N. Str. entgegentritt, die wohl mit den Verhältnissen des XIV., aber nicht mit jenen des XIII. Jahrhunderts im Einklange steht.

Winter geht über die offenbar beinahe wörtliche Uebereinstimmung des a. 11 der Urkunde Rudolfs vom Jahre 1277, 22. November mit dem c. 76 des W. N. Str. doch zu leicht hinweg, wenn er annimmt, ‚dass beide Stellen auf eine gemeinsame Vorlage zurückgehen, die heute verschollen ist'. Sowohl diese Urkunde a. 6, als auch die Herzog Albrechts I. vom Jahre 1285, 13. October (Winter, Urkundl. Beiträge S. 38, n. 15), c. 1 verweist zwar die Wiener-Neustädter Bürger bei Streitfragen zwischen sich auf die forma juris et consuetudo civitatis Wiennensis, allein die städtische Rechtsentwicklung hat in Wiener-Neustadt im XIV. Jahrhundert dessenungeachtet eine selbstständige und von der der Stadt Wien ziemlich unabhängige Richtung eingeschlagen, wenigstens ist eine unmittelbare Benützung späterer (nach dem Jahre 1244) der Stadt Wien verliehener Stadtrechte, z. B. der Rudolfina vom Jahre 1278 und des Albrechtinum vom Jahre 1240, allerdings im W. N. Str. nicht nachzuweisen. Allein es finden doch auch hier Rechtsanschauungen und Grundsätze, die in Wiener Rechtsquellen erst im XIV. Jahrhundert erscheinen, einen

ämlichen Ausdruck, wenngleich vielleicht in ihrer Anwendung
auf verschiedene Fälle, z. B. dass über die Bestrafung einer
Verwundung der Zeitraum eines Jahres entscheide (vgl. a. 21
des Wiener Stadtrechtes von 1340 mit W. N. Str. c. 23), das
forum delicti (Wien 1340 a. 3 und W. N. Str. c. 91). Das
c. 111 W. N. Str. deutet auf die Bekanntschaft mit der Judensatzung für Wien vom 11. Juni 1338 (Wiener Geschichtsquellen
n. XXXVI) hin. Vier Handschriften geben wenigstens die Höhe
des Judengesuches in einer Woche nicht auf vier, sondern übereinstimmend mit jener auf drei Denarien von einem Talente
an. Das in Wiener-Neustadt erscheinende Amt eines christlichen Judenrichters (c. 109) hat sich vor dem letzten Viertel
des XIII. Jahrhunderts nicht entwickelt (Luschin, Gerichtswesen 241 f.), und urkundlich ist erst 1338 ein Judenrichter
in Neustadt nachweisbar (Winter S. 93 Anm.). Der Beschluss
über die einmalige Vorladung eines inquilinus (siehe W. N. Str.
c. 48) wurde in Wien erst im Jahre 1375 gefasst und musste
1417 abermals erneuert werden (Wiener Geschichtsquellen
n. LXXXII und n. CXX). Der Schulmeister wird in WienerNeustadt von der Bürgerschaft ernannt (c. 115), was in Wien
der Stadt erst durch das Stadtrecht von 1296 a. 10 gestattet
wurde. Der a. 39 des Wiener Stadtrechtes von 1340 vom
Nachrichter (subjudex, judex posterior) stimmt im Wesentlichen mit den darüber im W. N. Str. enthaltenen Sätzen
(c. 39, 72, 95) überein. Ueberhaupt lässt die Zahl der Gerichtspersonen auf eine sehr ausgebildete Gerichtsverfassung
in Wiener-Neustadt schliessen. Dass der Richter seine Leute
nicht zu Zeugen gegen Bürger brauchen solle (W. N. Str.
c. 74), findet sich erst in Wien unter Rudolf I. in seinem Stadtrecht von 1278 I, a. 59, von 1340 a. 74 u. s. w., und so
deuten manche Stellen des W. N. Str. erst auf spätere Urkunden und Rechtssätze hin, wie sie sich namentlich erst im
XIV. Jahrhundert entwickelt haben.

In den Hausverträgen der österreichischen Herzoge von
1379 wird der Umfang des Landgerichtes Neustadt übereinstimmend mit dem c. 93 beschrieben, und insbesondere liegen
nach dem Wortlaut des Vertrages über das Ungeld (Kurz,
Albrecht III. 182) die Märkte Neunkirchen, Aspang und Schottwien im Bezirke dieses Landgerichtes (vgl. Winter S. 64).

Die Frage, ob wir es im W. N. Str. mit einer echten landesfürstlichen Urkunde oder bloss mit einer Compilation, mit einer allenfalls auf Grund der von Leopold III. der Stadt verliehenen allgemeinen Bestätigung ihrer Rechte und Freiheiten verfassten Zusammenstellung der für sie im Laufe der Zeit entstandenen Rechtsquellen, oder, wie Winter sich nachzuweisen bestrebt, mit einer offenbaren Fälschung zu thun haben, will ich hier offen lassen. Fällt das W. N. Str. in seiner Abfassung wirklich in die zweite Hälfte des XIV. Jahrhunderts, und lassen sich die verschiedenen Bedenken, die namentlich aus dem Inhalt geschöpft werden, beseitigen, dann ist allerdings die Möglichkeit nicht ausgeschlossen, dass hier ein echtes landesfürstliches Privileg des Habsburgers Leopold III. vom Jahre 1381 vorliegt, dem in dem bekannten Ländertheilungsvertrage von 1379 Stadt und Gebiet von Wiener-Neustadt zugesprochen wurden, und von dem die Stadt noch heutzutage eine allgemeine Bestätigung ihrer Freiheiten und Rechte vom 19. April 1381 im Originale besitzt (siehe Winter S. 39, n. 47), eine Ansicht, die bereits Meiller [im Jahre 1853 ausgesprochen hat.

Der Herzog war der Stadt für ein Anlehen, das er bei ihr machte, besonders verpflichtet (siehe Böheim, Chronik S. 90). Der Mangel eines Originals, die lateinische Sprache der Abfassung, während wir sonst aus dem XIV. Jahrhundert in Oesterreich nur deutsche Stadtprivilegien besitzen, sind zwar auffallend, aber nicht zwingend für die Annahme einer Fälschung. Auch fallen manche dieser Bedenken nicht ernstlich in die Wagschale. Die in der im Wiener-Neustädter Stadtarchive erhaltenen Pergamenthandschrift (bei Winter I, S. 10) enthaltene Aufzeichnung des Stadtrechtes, die der Würth'schen Ausgabe und dem Drucke Meiller's zu Grunde liegt, fällt gerade in diese Zeit (1381, siehe Winter S. 10) und war entschieden officiellen Ursprungs. Die Bestimmung des c. 91: Judex autem coram magistro civium vel capitaneo respondebit — erscheint mir weder bedenklich noch "unmöglich", denn hier ist offenbar der Bürgermeister nicht als einzelne Person, sondern als Vorsitzender des städtischen consilium gemeint, und insofern stimmt dieser Satz mit der für andere Städte bezeugten Anklage des Richters vor dem Rathe der

Bürger überein (siehe die Stellen bei Winter S. 76). Indessen getraue ich mich hier nicht, wie bereits gesagt, nach der scharfsinnigen Analyse Winter's darüber endgiltig zu entscheiden. Es ist übrigens nicht unmöglich, dass unser Summist selbst bei der Redaction des Stadtrechtes, das nicht selten die gelehrte Bildung ihres Verfassers durchscheinen lässt, die Hand im Spiele hatte.

Das Werböczische Tripartitum.

Im XV. Jahrhundert scheint die Summa in Ungarn eine starke Verbreitung gehabt zu haben. Dies beweisen die zwei mir bekannt gewordenen Pressburger Handschriften und insbesondere die daselbst zu Stande gekommene Uebersetzung ins Deutsche. Um den Anfang des XVI. Jahrhunderts erwachte nun in Ungarn sowie in Böhmen und Mähren das Bedürfniss und der Wunsch, das Gewohnheits- und Privilegienrecht, das sich allmälig zu einer grossen Masse angehäuft hatte, zu sammeln und für die praktische Rechtspflege systematisch zu verarbeiten. Hohe Landesbeamte, die durch ihre lange Erfahrung im Stande waren den wüsten Stoff zu bewältigen, unterzogen sich dieser keineswegs leichten Aufgabe. So wie dies nun in Böhmen zu jener Aufzeichnung des böhmischen Landrechtes führte, die unter dem Namen des Neunbücherrechtes (Knihy devatery) von Victorin Cornelius von Wšehrd bekannt ist, in Mähren zur Abfassung des Tobitschauer Rechtsbuches (Kniha Tovačovská) durch den mährischen Landeshauptmann Ctibor von Cimburg, so unternahm es in Ungarn der Protonotar des Judex curiae Stefan von Werbewcz, der in der Folge zu den höchsten Würden des Reiches emporstieg, das Gewohnheits-, Statuten- und Privilegienrecht des Landes aufzuzeichnen und zu einem Rechtsbuch nach einem gewissen Systeme zu verarbeiten. Die Sprache des Rechtsbuches ist die lateinische, während Wšehrd sein Buch in böhmischer Sprache schrieb. Er theilte es in drei Bücher ein, und zwar nach der auch in der Summa gewählten Eintheilung: personae, res, actiones. Quia igitur — sagt er — omnis consuetudo juris, quo utimur, vel ad personas pertinet vel ad res vel ad actiones, et quia certum est, quod omnia jura respectu personarum prodierint, ita dignum videtur a personarum jure exordium sumere ... et *secundum hoc praesens opusculum tripartiri dignum duxi.* Aehnlich, wie die Summa I, 20 übereinstimmend mit den Institutionen 12. J. (1, 3) sagt: Omne jus, quo nos utimur, vel ad personas pertinet, vel ad res vel ad actiones. Sed quia parum est jus personarum nosse, si ipsae personae ignorentur, quarum causa statuitur, igitur de personis est videndum. Es scheint jedoch, dass er diese Eintheilung nicht den Institutionen, sondern der Summa entnommen habe, nachdem eine unmittelbare Benützung jener in dem Werke nur äusserst spärlich nachzuweisen ist. Diese seine Arbeit legte er dem König Wladislaus in einer eigenen Dedicationsschrift vor, von dem sie auch im Jahre 1514 auf Anrathen der Stände seines Reiches approbirt wurde.

Schon die Zueignung weist Anklänge an die Summa auf, z. B. mit I, 9: Qui primus leges condiderit quarum quidem quisnam primus fuerit inventor, non satis constat. *Hebrei* sane hunc *Moysen* fuisse volunt, Athenienses Cecropem et Solonem. Argivi *Phoroneum*, Cretenses Minoa et Radamanthum, *Lacedaemonii Lycurgum*, *Aegyptii* Trismegistum, Persae vero Zoraidem (vgl. S. 269).

In der Vorrede zu dem von ihm veranstalteten Drucke spricht er gleichfalls von der Mühe, die ihm seine Arbeit gemacht habe: hoc opus tanto studio, tantisque vigiliis elaboratum — *pro ingenioli tenuitate* longis diuturnisque laboribus. Auch er will sein Werk dilucido, aperto ac unicuique facile exposito stilo perscribere. Und in der That war die Brauchbarkeit und der praktische Werth des Buches, obwohl des ersten Versuches einer Gesammtaufzeichnung des einheimischen Rechtes, so gross, dass es mit Leichtigkeit Eingang in den Gerichten des Landes erlangte, dass in Ungarn Jahrhunderte lang Recht darnach gesprochen wurde, und dass es noch heutzutage, abgesehen von einigen in neuester Zeit codificirten Gebieten des Rechtes, namentlich des Strafrechtes, Civilprocesses, Handels- und Wechselrechtes, eine Hauptgrundlage des in Ungarn geltenden Rechtes bildet, so sehr sich auch hier das Bedürfniss nach einer Codification des Privatrechtes, besonders nach Beseitigung des a. b. Gesetzbuches geltend gemacht hat.

Es ist hier nicht der Ort, die Quellen, aus denen der Verfasser, den die Ungarn mit Vorliebe den ungarischen Tribonian nennen, seine Kenntniss des einheimischen Rechtes schöpfte, die Art und Weise seiner Behandlung und Anordnung der einzelnen Materien, seine geistige Befähigung für die Aufgabe, die er sich steckte, näher zu besprechen. Allein in systematischer Beziehung scheint mir sein Werk jedenfalls bedeutend hinter der Summa zurückzustehen. Der Zusammenhang der einzelnen Materien ist häufig ein äusserst loser, ihre Reihenfolge eine geradezu willkürliche. Gewiss besitzt er eine grosse, wenngleich kritiklose Belesenheit in der klassischen und kirchengeschichtlichen Literatur neben einer geschickten Handhabung der lateinischen Sprache, eine aus den Quellen des römisch-kanonischen Rechtes geschöpfte Kenntniss desselben leuchtet aber nur höchst spärlich hervor. Ueber seine Kenntniss des einheimischen Gewohnheits- und Privilegienrechtes will ich hier kein Urtheil aussprechen. Allerdings war es keine geringe Aufgabe, zum ersten Male eine Ordnung in die grosse Masse des überlieferten Rechtsmateriales zu bringen, und es gebührt dem Autor insofern ein grosses, nicht wegzuleugnendes Verdienst. Was mich hier allein interessirt, ist die Nachweisung des Quellenverhältnisses seines Werkes zur Summa, der er die Grundbegriffe und die allgemeinen Lehren des Rechtes direct und unmittelbar entlehnt hat, wie aus nachstehender Vergleichung unzweifelhaft hervorgeht.

In vielen ihrer Lehren lehnt sich die Summa zwar an den Wortlaut der Institutionen an, bedient sich jedoch häufig dabei ganz eigenthümlicher und charakteristischer Wendungen und Zusätze. Diese erscheinen nun bei Werböcz ganz genau wieder — ein Beweis, dass er bei den entsprechenden Stellen nicht die Institutionen benützt, sondern dieselben unmittelbar der Summa entnommen hat.

Sowie die Summa dem Personenrechte einen allgemeinen Theil vorangehen lässt, so schickt auch Werböcz den drei Theilen einen Prologus voran, bevor er ad municipales leges et approbatas consuetudines regni Hungariae in den drei partes übergeht. In diesem handelt er 1. de justitia, 2. de jure et divisione juris, 3. de lege et speciebus legis, 4. de consuetudine et conditionibus ejus, 5. de conditionibus boni judicis.

Tit. I. Der Begriff der Justitia schliesst sich an §. 1 J. 1. 1 und an die Summa I. 2 an, doch merken wir schon hier den Einfluss der letzteren.

Summa I, 2.

Est autem duplex justitia: naturalis et legalis. Naturalis est constans et perpetua voluntas jus suum cuique tribuens, ut supra dictum est, et sine illa nullus potest regnum Dei possidere. Justitia legalis est, quae saepe mutatur, sine qua nec gentes nec regna diu poterunt permanere.

Werbŏcz, p. I, tit. 1.

Duplex est autem justitia, scilicet naturalis et legalis. Naturalis est constans et perpetua voluntas jus suum (ut praenotatum est)unicuique tribuens, et sine illa nullus potest regnum Dei possidere. Legalis vero dicitur lex, quae saepe mutatur, sine qua nec gentes nec regna poterunt permanere.

S. I, 2.

Jus secundum Tullium est ars sive scientia aequi et boni, secundum quam nos appellamur sacerdotes id est leges docentes.

Werbŏcz, p. I, tit. II.

Quod (sc. jus) per Tullium sic definitur: est ars sive scientia boni et aequi, secundum quam nos sacerdotes id est sacras leges et cuilibet jura sua ministrantes appellamur.

S. I, 3.

Est enim duplex jus. Est enim quoddam jus publicum, quoddam privatum. Publicum quod principaliter ad imperium pertinet, privatum quod ad singulorum hominum utilitatem pertinet. Illud privatum est triplex, scilicet jus naturale, jus gentium et jus civile. Jus naturale est, quod natura omnia animalia docet et docuit. Nam jus hoc non humani generis est proprium sed etiam omnium animalium. . . Inde descendit maris et feminae conjugatio . . . liberorum procreatio et educatio . . . pecuniae commodatae vel depositae restitutio, violentiae per vim repulsio.

Jus civile est, quod unaquaeque civitas sibi propter divinam humanamque causam constituit. Vocatur autem jus civile quasi proprium jus civitatis.

Jus itaque duplex est. Quoddam enim est jus publicum, quoddam vero privatum. Publicum est, quod principaliter ad imperium et regimen regnorum publicamque utilitatem spectat . . . Privatum vero est jus speciale, quod ad singulorum hominum utilitatem pertinet. Et illud triplex est scilicet jus naturale, jus gentium et jus civile. Jus igitur naturale est . . quod natura omnia animalia docet et docuit. Et hoc non solum est humani generis proprium sed etiam omnium animalium. Inde descendit maris et feminae conjunctio, liberorum procreatio et educatio . . . Item depositae rei vel commodatae pecuniae restitutio, violentiae proximi per vim repulsio. Jus autem civile est, quod quisque populus, vel quaeque civitas sibi propter divinam humanamque causam constituit, et vocatur jus civile quasi proprium jus civitatis.

tit. III.

Et nota, quod omnes populi, qui legibus, moribus et consuetudinibus utuntur, partim suo proprio partim communi omnium hominum jure utuntur.

Ceterum omnes populi, qui legibus aut moribus utuntur et reguntur, partim suo proprio partim vero communi omnium hominum jure utuntur.

Differunt autem haec tria jura, quia jus naturale apud omnes gentes aequaliter servatur, a solo deo constitutum firmum et immutabile permanet, alia autem jura saepe mutantur, vel contraria consuetudine vel alia meliori lege postea lata et introducta.

Sciendum itaque, quod jus naturale differt ab aliis juribus tribus modis . . . quia jus naturale apud omnes gentes aequaliter servatur, a solo Deo institutum, firmum et immutabile manens, alia vero jura, quae populus vel civitas sibi constituit, saepe mutantur vel contraria consuetudine vel alia meliori lege in contrarium postea lata et introducta.

S. I, 2.

Jurisprudentia est divinarum humanarumque rerum notitia, justi atque injusti scientia. Et quamvis haec tria (justitia, jus, jurisprudentia) quasi pro uno reputentur, differunt tamen tripliciter quia justitia est virtus scilicet moralis, jus est executivum ejus virtutis. Jurisprudentia est scientia illius juris. Item justitia est inter virtutes summum bonum, jus medium, jurisprudentia infimum. Item justitia tribuit unicuique, quod suum est, jus coadjuvat. Jurisprudentia docet, qualiter illud fiat.

tit. IV.

Jurisprudentia vero est divinarum humanarumque rerum notitia, justi atque injusti scientia.

tit. V.

Differunt autem inter se justitia, jus et jurisprudentia. Nam justitia est virtus scilicet moralis. Jus est ejus virtutis executivum. Jurisprudentia est scientia illius juris. Item justitia est inter virtutes summum bonum, jus medium, jurisprudentia infimum. Item justitia tribuit unicuique, quod suum est, jus vero coadjuvat, jurisprudentia autem docet, qualiter illud fiat.

Tit. VI enthält offenbare Anklänge an die Summa I, 4. De origine juris — omnis potestas constitutionis et condendae legis, *quae olim apud populum fuerat*, in praesentiarum *ad principem nostrum* spectat. Dann weiter: Postquam enim multiplicato genere humano et irrepentibus vitiis in *tyrannidem* regna conversa sunt, opus fuit leges condere. So legt auch I, c. 11 der Summa das Gesetzgebungsrecht in erster Linie den Fürsten nostri temporis bei.

S. I, 5.

Constat autem omne jus, quo utimur, aut ex scripto aut ex non scripto.

Lex est sanctio facta, jubens honesta, prohibens inhonesta et contraria. Vel aliter lex est recta ratio ab aequitate tracta, jubens honesta, vetans inhonesta.

Werböcz, p. 1. tit. VI.

Dictum est superius, quod omne jus aut legibus aut moribus, hoc est jure scripto vel non scripto, constet.
Lex est sanctio facta, jubens honesta et prohibens inhonesta atque contraria. Vel aliter: est recta ratio ab aequitate tracta, jubens honesta et vetans inhonesta.

I. 6.

Factae sunt leges, ut earum metu humana coërceatur audacia et tuta sit inter improbos innocentia. Vel aliter

Nam ideo factae sunt leges, ut earum metu humana coërceatur audacia, tutaque sit inter improbos innocentia.

factae sunt leges, ut in ipsis improbis formidato supplicio nocendi refrenetur facultas.

I, 55.

Dicitur autem civitas quasi civium unitas.

I, 7.

Erit autem lex honesta, justa, possibilis, necessaria, utilis et manifesta, secundum naturam, secundum consuetudinem ac loco temporique conveniens.

I, 9.

Quando leges institutae sunt, tunc non liceat eas judicare, sed oportebit secundum eas judicare.

I, 6.

Lex autem quatuor facit, unde versus: permittit, punit lex, praecipit atque vetat.

I, 5.

Omnes leges aut sunt divinae aut humanae. Divinae natura constant, humanae vero moribus et consuetudinibus constant.

I, 13.

Consuetudo est jus moribus institutum, quod pro lege suscipitur, quum lex deficit. Dicitur autem consuetudo quasi communis suetudo id est communis usus omnium hominum.

I, 14.

Bona consuetudo tres habet virtutes: prima quia imitatur legem id est ponitur pro lege, quum lex deficit, secun-

tit. VII.

Unde quaeritur, quare factae sunt leges humanae? Et respondetur, quod ideo, ut earum metu humana coërcetur audacia, tutaque sit inter improbos innocentia, et in ipsis improbis formidato supplicio refrenetur audacia et nocendi facultas.

tit. VI.

Civitas enim ab unitate civium nominatur.

Unde lex debet esse justa, honesta, possibilis, secundum naturam et secundum consuetudinem patriae, locoque temporique conveniens, necessaria et utilis, manifesta quoque ...

... quia cum leges institutae fuerint, non erit postea judicandum de ipsis, sed oportebit judicare secundum ipsas.

tit. VII.

Quadruplex est autem officium legis, quia omnis lex aut permittit, aut vetat, aut punit, aut imperat ... Versus: Quatuor ex verbis virtutes collige legis: permittit, punit, imperat atque vetat.

Omnes leges aut divinae sunt aut humanae. Divinae namque natura, humanae vero moribus et consuetudinibus constant.

tit. X.

Consuetudo est jus quoddam moribus institutum, quod pro lege suscipitur, quum lex deficit ... Vocatur autem consuetudo, quasi communis suetudo et usus hominum, quia in communi est usu.

tit. XI.

Consuetudo autem triplicem habet virtutem. Est enim legum interpres optima, ideo lege existente dubia, da quae interpraetatur legem, quum est dubia, tertia, quae corrigit legem.

non est recedendum ab illo intellectu, quem consuetudo tribuit. Secundo habet virtutem derogatoriam, quod derogat legi, quando est contra legem. Tertio habet virtutem imitativam, quia imitatur legem, ubi deficit lex.

Dass also Werböcz die Grundlehren des Rechtes unmittelbar aus der Summa geschöpft habe, neben welcher nur äusserst spärliche Spuren zu entdecken sind, dass er auch einen Blick in die Institutionen geworfen oder andere Quellen benützt habe, dürfte aus den mitgetheilten Proben zur Genüge erhellen.

Es liegt übrigens in der Natur des in den speciellen Theilen des Tripartitum behandelten Municipal- und Gewohnheitsrechtes, dass hier der Einfluss der Summa weniger ersichtlich ist als in seinem allgemeinen Theile. Jedoch gibt es auch hier so manche Partien, in denen ihre Benützung entweder unverkennbar ist oder mit Wahrscheinlichkeit angenommen werden kann.

So sagt p. I, tit. VII: Illi, qui ex nobili dumtaxat matre et rustico patre sunt propagati, veri nobiles non dicuntur . . . E contra vero ex nobili patre et ignobili matre filii procreati recti et veri nobiles censentur. Es ist dies eine Anwendung des Grundsatzes auf Adelige, den die Summa I, 21 in Beziehung auf Freie ausspricht, dass die Kinder dem Stande des Vaters und nicht dem der Mutter folgen. Liberi secuntur matres quoad onus, patres quoad honores, ut si rex duceret rusticam, filii ejus dicerentur reges, sed si regina duceret rusticum, filii ejus dicentur rustici.

I, 23. Die Summa zählt unter den septem potestates patris in filios suos auch die auf quod possunt filios ad divisionem hereditatis compellere, quando volunt, *non e converso, nisi in sex casibus.*

Werböcz, p. I, tit. l, III.

Primo quum pater bona puerorum suorum ob fraudem non necessitate vult alienare.
Secundo quum pater est dilapidator operum.
Tertio quum hereditates non debite colit, sed eas destrui permittit.

De casibus, in quibus e contrario filius cum patre divisionem facere potest. Primo, quando pater dilapidator bonorum suorum exstiterit et bona sua ac filiorum suorum non ex necessitate et causa rationali sed per fraudem potius alienavit . . .

Quarto quum pater filios impaterne et crudeliter corripit sine culpa.
Quinto quum pueros post perfectionem temporis pubertatis non desponsat.
Sexto etc. quum ipsis necessaria non administrat secundum suam facultatem et eorum necessitatem.

Item si quando haereditates . . . non debite colit aut custodit sed desolari permittit.
Item si pater filium sine justa causa et sine notabili culpa impie et crudeliter corripit.
Item quando pater filium post perfectum tempus legitimae aetatis matrimonium contrahere vetat.
Item quando pater cogeret filium suum ad peccandum.

Dagegen fasst p. I, tit. LII fünf Enterbungsursachen der Summa II, 57 ausdrücklich als Gründe auf, aus denen der Vater den Sohn zur Theilung der Güter zwingen kann, fügt aber hinzu: *non tamen potest de illis eum exhaereditare.*

So hat Werböcz p. I, tit. LVI bei den Aufhebungsarten der patria potestas gewiss auch die Summa I. 24 vor Augen gehabt, wenn er wie diese sie erlöschen lässt per mortem patris sine testamento decedentis, dann durch Verübung eines Verbrechens u. s. w.

p. I, tit. XCIII sagt: Quamquam dos (unde dotalicium descendit) ac donatio et parafernum longe differant, nos tamen confuso vocabulo dotem et donationem simul permiscentes etc.

In gleicher Weise werden die Ausdrücke dos und donatio in II, 37 der Summa bald von der Widerlegung, bald von der Mitgift gebraucht. So werden auch die paraferna im Einklange mit der Summa definirt als omnia bona mobilia, quae uxori . . . dantur, und diese simul cum dote sua salvae manebunt, restituique debebunt (tit. C. Und so sagt auch die Summa: Et nota, quod omne jus, quod habet dos, hoc idem habent paraferna.

In I, 38 stellt die Summa die Entschuldigungsgründe der Vormünder im Anschluss an J. De exc. tut. vel cur. 1, 25. dar, formulirt sie jedoch in ganz eigenthümlicher Weise. Gerade in dieser stylistischen Eigenthümlichkeit sind sie nun auch in p. I, tit. CXXII übergegangen. Doch sei mir hier wegen Raummangels die Anführung von Parallelstellen erlassen.

I, 33. Ebenso stimmt p. I. tit. CXXIII quot modis fiant tutores suspecti grösstentheils wörtlich mit I, 10 der Summa überein.

So auch S. I, 10.
Suspectos tutores accusare possunt omnes homines videlicet viri et mulieres, consanguinei et extranei, nutrices et publicae meretrices et omnes, qui hoc ob pietatis causas faciunt, sunt audiendi.

mit p. 1. tit. CXXIV.
Ceterum animadvertendum est, quod hujusmodi tutores ... omnes indifferenter, sive sint viri sive mulieres, extranei, consanguinei et affines accusare possunt, si ob pietatis causam id faciunt.

S. I, 15.
Cum privilegia pro legibus habeantur, ut scribitur in decretis, videndum est de privilegiis.

Privilegium est beneficium contra jus commune indultum, non enim est aliquod privilegium, quin aliquid indulgeat speciale ... Privilegia etiam dicuntur leges privatorum id est a communi jure exceptorum.

Species privilegiorum sunt duae: unum generale, aliud speciale. Generale est, quod conceditur communitati, et illud est perpetuum. Speciale est, quod conceditur personae, et illud exstinquitur cum persona, nisi caveatur in ipso, quod debeat transire ad heredes.

Werböcz, p. II, tit. VII.
Item ex quo consuetudo nostra in quadam sui parte privilegiis sumitur, hinc de privilegio aliqua dicenda statui.
Unde sciendum, quod privilegium dicitur quasi lex privata et singularis, quae ad unum vel ad paucos pertinet. Aliter autem privilegium dicitur praerogativum aut honor singularis. Et est Principis beneficium saepe contra commune jus indultum.
Duplex est autem privilegium, scilicet generale et speciale. Generale est, quod universitati, aut capitulo vel conventui conceditur. Et illud est perpetuum. Speciale autem est quod personae duntaxat donatur. Et illud cum persona extinquitur. Nisi forte in ea caveatur, quod virtus privilegii etiam ad haeredes et successores ipsius privilegiati derivetur.

p. II, tit. XII enthält eine Amplification der in der Summa I, 15 angegebenen Aufhebungsarten der Privilegien.

S. I, 17.
Superius visum est de privilegiis et instrumentis. Sed quia sigilla corroborant omnia privilegia et omnes literas, igitur de ipsis est videndum. Sigillum est notorium signum, auro vel plumbo vel cerae impressum, corroborans omne factum.

Sunt autem duplicia sigilla, scilicet authentica et non authentica. Authentica sunt sigilla principum, sigilla civitatum, sigilla judicum in causis coram ipsis vel in judicio agitatis. Haec

Werböcz, p. II, tit. XIII.
Verum quia omnia privilegia sigillis roborari communirique solent, igitur de sigillis quoque in hac parte aliquid dicendum convenit.
Ubi sciendum, quod sigillum est notorium signum, auro aut alio metallo, vel caerae impressum, corroborans omne factum.
Et duplex est sigillum, scilicet authenticum et non authenticum. Authenticum dicitur, quasi autoritatem tenens, cui credi debeat. Et est proprie principum ac ordinariorum judicum

authentica per se sola literis apposita confirmant omne factum. Non authentica sigilla sunt sigilla privatarum personarum, et ista per se sola nihil perpetuum possunt confirmare.

regni, nec non capitulorum et conventuum. Et hujusmodi sigillum authenticum, literis appositum confirmat omne factum, in ipsis literis expressum atque declaratum. Habent praeterea etiam civitates et oppida sigilla authentica per reges et principes ipsis concessa. Non authentica vero sunt privatarum personarum sigilla, et talia nihil perpetuitatis sub se continere possunt.

Auf die in p. III, tit. XXI und XXII entwickelte Lehre über den in seiner eigenen Vertheidigung verübten Todtschlag und die Bedingungen der gerechten Nothwehr zur Vertheidigung der Person und der Sachen hat unstreitig die Summa III, 38 einen Einfluss geübt. Der Ausdruck über die Art der Vertheidigung cum moderamine inculpatae tutelae findet sich zwar bereits im c. 18 De homic. X. 5, 12, ist aber wahrscheinlicher nicht den Decretalen, sondern der Summa entlehnt.

Aus dieser Vergleichung ergibt sich, dass das Tripartitum einen grossen Theil seines eigentlich juristischen Stoffes aus der Summa legum geschöpft hat. Wenn man das Ansehen bedenkt, das jenes Rechtsbuch durch Jahrhunderte in Ungarn genoss, und den praktischen Einfluss, den es in den Gerichten ausübte und bis auf den heutigen Tag ausgeübt hat, so muss man zugeben, dass die Nachtwachen des bescheidenen Wiener-Neustädter Stadtschreibers keine verlorenen Stunden, und seine Mühe keine fruchtlose gewesen.

Schluss.

Wenn es mir gelungen ist, durch die vorausgegangene Untersuchung den eigentlichen Charakter der Summa als einen in Oesterreich entstandenen Versuch einer selbstständigen systematischen Darstellung des Rechtes auf Grundlage des römischen und zugleich als eine verständige Verarbeitung des letzteren mit deutschen und einheimischen Rechtssätzen zur Anschauung zu bringen, ihre Bedeutung für die Receptionsgeschichte der fremden Rechte noch vor der Begründung einer eigentlichen wissenschaftlichen Behandlung auf den Universitäten, ferner ihren praktischen Einfluss auf die Rechtspflege als Quelle des Wiener-Neustädter Stadtrechtes und des Werböczischen Tripartitum in ihrer Verbreitung in den österreichischen Ländern, in Böhmen und Mähren, in Polen und namentlich in Ungarn nachzuweisen, so erscheint der gleich anfangs ausgesprochene Wunsch nach ihrer vollständigen Herausgabe gerechtfertigt — einer Aufgabe, zu der mir doch theilweise als Nichtromanisten rechte Eignung und Beruf fehlen, und die ich daher anderen Händen überlassen will.

Allerdings ist uns das Werk bloss handschriftlich überliefert und weder später nach seiner Entstehung gedruckt, noch auch überhaupt in der Literatur beachtet worden. Allein wie Muther (Zur Geschichte der Rw. und der Univ. in Deutschland, S. 163 und 164) sagt, ‚darf man nicht sagen: Was nicht gedruckt wurde, hat auch keine Bedeutung, oder was gedruckt wurde, hat mehr Verbreitung, als was ungedruckt blieb. Es hing vielfach vom Zufall ab, nicht bloss ob der Drucker ein ordentliches Manuscript in die Hände bekam, sondern ob es überhaupt gedruckt wurde. Es kommen handschriftlich viele, namentlich kürzere Werke vor, die keinen Drucker fanden, besonders weil man annahm, die vorhandenen Handschriften reichen für das Bedürfniss aus'.

Berichtigungen.

S. 65, 7. Zeile von oben rechts, sua statt suo.
S. 70, 5. Zeile von oben nach August sind die Worte einzuschalten: für Wiener-Neustadt.